高埜利彦
Toshihiko Takano

天下泰平の時代

シリーズ日本近世史③

岩波新書
1524

はじめに

泰平とは、世の中が穏やかに治まることをいう。平和の続く穏やかな時代に、経済力は上昇し、社会の制度は整い、文化も形成されていく。このような、日本の歴史上でも稀な泰平の時代である一七世紀半ばから一八世紀半ば過ぎまでが本書の対象になる。

この時代の泰平がどれほど稀なことであったかは、前後の時代を振り返れば確信できる。応《おう》仁《にん》の乱《らん》が一四六七年に起こってから一六三七年の島原《しまばら》の乱《らん》まで一七〇年間、徳川三代将軍家光《いえみつ》の代まで国内では戦乱が続いた。海外に目を向ければ、豊臣政権での朝鮮侵略(文禄《ぶんろく》・慶長《けいちょう》の役《えき》)が一五九二年から九八年まで続いた後、中国大陸での明《みん》朝から清《しん》朝への王朝交代の内乱(明《みん》清交替《しんこうたい》)が続き、その影響は日本にも及んだ。これらが安定し秩序が回復した一六六〇年代から日本には平和と安定がもたらされた。

「泰平の眠りをさます上喜撰《じょうきせん》たった四はいで夜も眠れず」の狂歌は一八五三年にアメリカ東インド艦隊司令長官ペリーが、軍艦四隻を率いて浦賀《うらが》沖に現れた時の様子を詠んだものとされる。泰平はペリーによって決定的に打ち破られたが、その兆しは一七九二年のロシアのラクスマンの根室来航に求められよう。

ペリー来航後の幕末の動乱を経て明治維新(一八六八年)後も、泰平と呼べる時期はなく、日清戦争(一八九四〜九五年)・日露戦争(一九〇四〜〇五年)後も、一九四五年の敗戦に向かう戦争に突き進む。明治・大正・昭和の時代は戦争の連続であったとも言える。したがって、戦後から現在に続く平和もまた歴史上貴重なものである。

本書が対象にする、江戸幕府四代将軍徳川家綱《いえつな》から一〇代将軍徳川家治《いえはる》が統治した一三〇年余りの泰平の時代に、今日につながる社会の仕組みや価値観などの原型が数多く形成されたことに読者は気付かれるであろう。

たとえば東アジアにおける対外関係が、国内の政治や社会に連動して影響を与えることや、政治権力(江戸幕府)と天皇の関係が戦後の象徴天皇制と類似の性格を持つことなど。また、現在の社会では犬食いの習慣が見られないことと、葬式に参列した人が自宅に戻る時、清めの塩を自身の体に撒《ま》き、自宅に穢《けが》れを持ち込まない習慣が見られたこと、これらはいずれも元禄時代を中心にした徳川綱吉《つなよし》政権の政策(生類憐《しょうるいあわれ》みの令《れい》・服忌令《ぶっきれい》)によって社会に広く浸透したものであった。綱吉政権はそれまでの価値観を大きく転換させるところにその狙いがあった。

また、今日につながる伝統文化の歌舞伎《かぶき》と相撲《すもう》が、生産力が増し商品流通が活発化したこの時代の、民衆の娯楽要求のエネルギーによって、興行《こうぎょう》の軌道に乗ったこと。さらには現在の日本人の信仰のありようは、その原型となる枠組みをこの時代に形成したことなどに思い至ることであろう。

まずは、日本を取り巻く東アジア世界に目を向け、対外的に泰平の時代が訪れることを確認するところから始めよう。

目　次

第一章　東アジアの動乱と平和の訪れ

1　明から清へ

国性爺合戦

一七一五年(正徳《しょうとく》五)一一月、忍び寄る寒さを打ち払う熱気が、ここ大坂道頓堀《どうとんぼり》にはあった。竹本義太夫《たけもとぎだゆう》の起こした竹本座で、折しも初演の「国性爺合戦《こくせんやかっせん》」は、近松門左衛門《ちかまつもんざえもん》の作品でありながら、それまでの近松の「曽根崎心中《そねざきしんじゅう》」(一七〇三年〔元禄《げんろく》一六〕初演)で遊女と手代の男女の情愛を切々と伝えたものや、「堀川波鼓《ほりかわなみのつづみ》」(一七〇七年〔宝永四〕初演)で武家の妻の女の性を艶《なま》めかしく描いたものとは異なり、別世界の唐国と日本を股にかけた広大なスケールの躍動的な活劇であった。「国性爺合戦」の上演は歳を越しても人気を博し、ついに二度目の正月を迎え翌々年一七一七年三月まで続く、空前の長期興行となった(図1-1)。

大坂の町人たちは「国性爺合戦」のどこに魅力を感じて、竹本座に足を運び続けたのであろうか。操り人形の所作の巧みさや、義太夫の節回しもあったであろうが、なにより近松の描く筋立てそのものに心揺すぶられたのであろう。ここでまず「国性爺合戦」の粗筋を紹介しておこう。

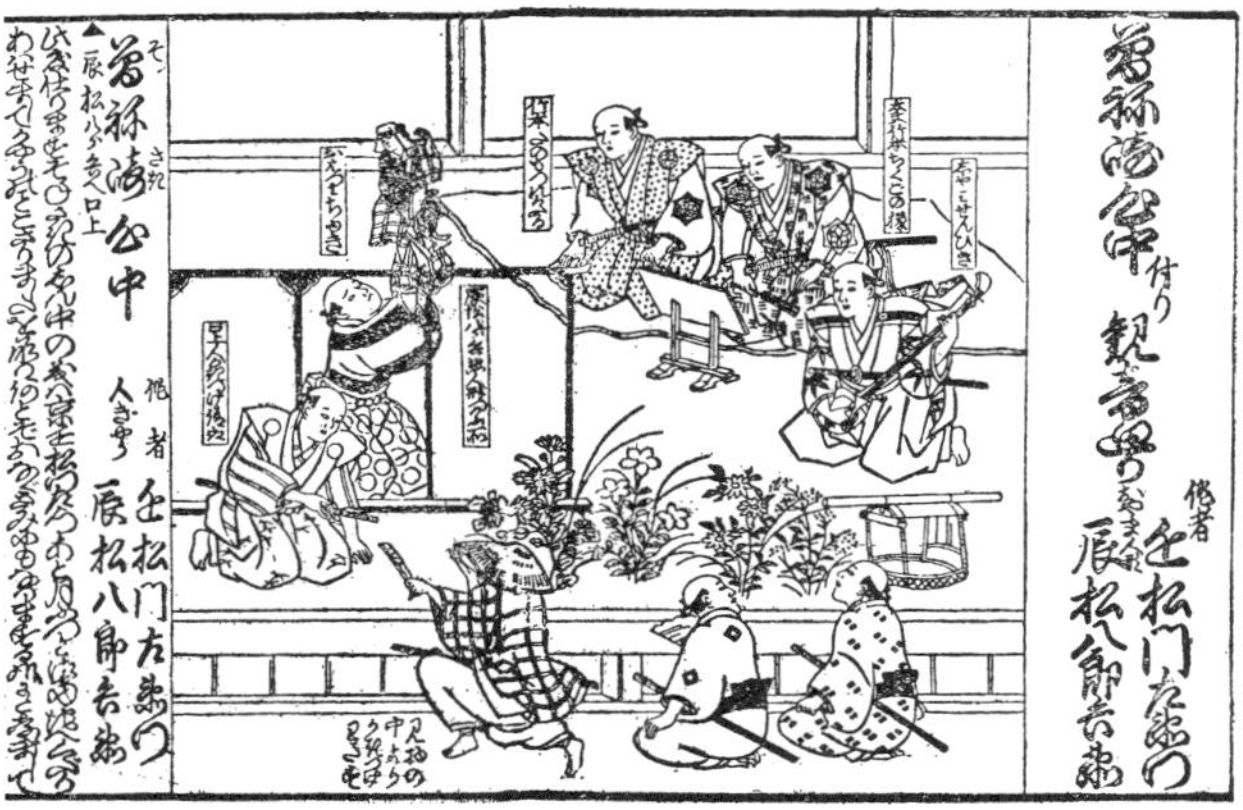

図 1-1 「曽根崎心中」口上番付．作者近松門左衛門，人形辰松八郎兵衛．『牟芸古雅志』．

舞台は中国大陸、大明国南京《ナンキン》の王城から始まる。時は一六四四年(崇禎《すうてい》一七・寛永《かんえい》二一)、明皇帝の夫人は臨月を迎え王子誕生も近いという時に、北方の韃靼《だったん》(女真《じょしん》族)の大王の使者が参り、夫人を韃靼王の后に貰い受けたいと告げる。実は懐妊している王子を絶やすことに韃靼王の狙いがあった。ついには明の重臣(李蹈天《りとうてん》)が裏切り韃靼軍と呼応し、王城を取り囲んで明皇帝と夫人を殺害する。これに対し明の忠臣呉三桂《ごさんけい》将軍とその妻は奮闘し、呉三桂は皇帝夫人の腹を開いて取り出した王子を救出し、その妻は皇帝の妹(栴檀《せんだん》皇女)を船に乗せて海上に流して無事を祈った。

大明国が北方の異民族韃靼に攻め落とされる場面を通し、いくつもの伏線を張り巡らせた一場を終えると、次の舞台は一転して日本の肥前国平戸《ひぜんのくにひらど》に移る。主人公である平戸の漁師和藤内《わとうない》の登場である。和藤内は、海商である鄭芝龍《ていしりゅう》(明皇帝を諫《いさ》めかね平戸に流罪《るざい》中)と日本人漁師の娘との間に生まれた勇敢な若者。ここに栴檀皇女の乗る船が漂着し、鄭芝龍夫婦は息子和藤内とともにもう一度大明の御代に戻すことを誓い、栴檀皇女を平戸に残して、韃靼に押し寄せることとなる。勇み立った和藤内のその姿は、神功皇后《じんぐうこうごう》三韓退治の御舟に現れた住吉大神の荒御魂《あらみたま》を見るような勢いであったと表現される。

唐に着いた和藤内と母は、虎の住む大藪《おおやぶ》に向かう。母から大神宮のお札を渡された和藤内は、素戔嗚尊《すさのおのみこと》の神力、天照大神《あまてらすおおみかみ》の威徳によって大虎を手なずけるとともに、韃靼側の官人たちを家来にし、日本流に月代《さかやき》を剃《そ》って元服させ名前も改めさせた。和藤内と母と家来は、父鄭芝龍と合流し、唐に生み残した娘(和藤内の腹違いの姉、錦祥女《きんしょうじょ》)の婿である将軍甘輝《かんき》の城を訪ねる。

鄭芝龍は初めて見えた娘に、夫甘輝からの支援・協力を依頼するが、甘輝は韃靼王から加増を受け、一〇万騎の将軍に任じられたところであった。父への孝心、夫への貞節、韃靼王への忠義、三者の心の葛藤は、錦祥女と継母である和藤内の母がともに自害することで解かれ、甘輝将軍の決意を促し、大明再興に立ち上がらせる。和藤内はこの国の諸侯王になぞらえて、延《えん》平王国性爺鄭成功《ぺいおうこくせんやていせいこう》と名を改めた(図1‐2)。

いよいよ国性爺(国姓爺が実名、作中は国性爺)の大活躍が始まる。これこそ日本の麒麟児《きりんじ》とばかり異国に武徳を表し、福州の長楽城や諸国の府三八か所を攻め取り、守りを固めた。一方、呉三桂の護る太子は七歳に成長した姿を現し、あわせて平戸から唐に着いた国性爺の妻と栴檀皇女が鄭芝龍と合流して、国性爺の待つ福州の城に入った。

太子は国性爺から印綬《いんじゅ》を捧げられ、永暦《えいれき》皇帝となって大明再興の頂点に立つ。伊勢神宮の大《おお》幣《ぬさ》を掲げた陣屋を構えて評議を重ね、国性爺・呉三桂・甘輝は天下分け目の韃靼国との戦いに突入する。韃靼王や裏切者李蹈天ら七〇万騎が立て籠もる南京城に攻め入り勝利した国性爺・呉三桂・甘輝らは、韃靼王を王であるからという理由で鞭打ち刑のあと本国に追放し、李蹈天の首と両腕を引き抜き、高らかに大音声を上げる。「永暦皇帝の御代万歳、国家安全と言祝《ことほ》ぐのも、大日本の君が代の神徳武徳聖徳の満ちて尽きない国民の恵みのおかげ、万々年も五穀豊穣うち続くよう」と祝いあった。文句なしの大団円となった。

この近松の筋立てに、大坂の町人たちは喝采《かっさい》をおくった。

あくまでも正統な大明国が北方の夷狄《いてき》を打ち破る。日本生まれの国性爺(和藤内)と日本人の母は、伊勢神宮(天照大神)と摂津国一宮住吉大明神《せっつのくにいちのみやすみよしだいみょうじん》の御加護によって難敵を打ち破り、日本男児の勇姿を活劇の中に描き切る。しかもその間に、

図 1-2　鄭成功

仁・義・礼・智・信の心を訴え、忠義・孝心の葛藤を絡ませたのだから、観客の満足・得心は口から口に伝えられていった。大坂だけではなく、近松の「国性爺合戦」は膨大な商品流通の担い手たちによって、全国各地に伝えられていったのであろう。

明清交替と人びと

しかし気になることがある。近松門左衛門は戯曲の原型となる中国大陸で起こった明清交替の史実をどのように入手していたのであろうか。この異国の登場人物たちに違和感なく感情移入できた観客たちは、事前にいかほどの知識を持っていたのであろうか。近松の「曽根崎心中」は、大坂北の新地天満屋《てんまや》の抱え遊女お初《はつ》と内本町《うちほんちょう》醤油問屋平野屋忠右衛門《ちゅうえもん》の手代徳兵衛《とくべえ》が、曽根崎天神の森にて一七〇三年(元禄一六)四月情死した事件を浄瑠璃《じょうるり》に作り、翌五月竹本座の操りに掛けたもので、人びとは情死事件の記憶も生々しい時分の上演に興味を惹かれたものであった。「堀川波鼓《ほりかわなみのつづみ》」にしても、初演の前年(一七〇六年)に京都堀川で起こった妻の姦通とその後の自害に、夫が相手を女敵討《めがたきう》ちした事件を題材にしたもので、観客は事件そのものを知っていた。同様に、近松も大坂の町人たちも中国大陸で半世紀以上にわたって繰り広げられた明清交替の動乱を十分に知っていたからこそ、「国性爺合戦」はその筋立てのおおよそを知る人びとに受け入れられ、近松のドラマツルギーと相まって異例の長期興行となったものであろう。

近松門左衛門や大坂の町人たちだけではもちろんない。中国大陸で半世紀も続いた明清交替の日本も巻き込んだ動乱の情報は、将軍にも幕府にも諸大名にも主に長崎を窓口にして伝えられていた。この明清交替が日本を含む東アジアにいかほどの影響を与えたのか、このことを大きな課題として捉える眼差しをご用意いただきたい。

2　朝鮮通信使

女真族の南進

一六一六年、女真《じょしん》族の首長ヌルハチは、興京《こうけい》を首都にしてアイシン国(満州語)＝後《こう》金《きん》(中国語)を建て、帝位についた(図1－3)。以後、明朝の軍勢を撃破し南進した。明は朝鮮に援軍を求め、朝鮮もこれに応えて一万人の軍勢を送ったが、一六一九年、サルフの戦いで明は大敗した。一六二五年に後金は瀋陽《しんよう》を都にして拠点とした。この後、朝鮮は「親明排金」の政策をとったことから、一六二七年(丁卯《ていぼう》年)、後金軍は三万の兵力で朝鮮に侵攻した(「丁卯胡乱《ていぼうこらん》」と呼ばれる)。朝鮮軍は敗退したのち後金軍と和議を結び、いったん後金軍は撤退した。

一六三六年、後金は国号を清《しん》と改め、親明の姿勢を取り続けた朝鮮に臣従を迫った。これを

図 1-3　16～17 世紀の東アジア

朝鮮が拒んだため、清軍は一二万の軍勢で朝鮮に侵攻した(丙子《へいし》胡乱《こらん》)。翌年、降伏した朝鮮王は、清朝皇帝に臣従の礼をとった上で、明との断交を誓い、王子を人質に差し出した。

「胡乱《こらん》」と呼ばれた女真族との戦いに先んじて、朝鮮は「倭乱《わらん》」と呼ばれた日本(豊臣政権)との戦いに苦しめられていた。一五九二年(文禄《ぶんろく》元)、豊臣秀吉《とよとみひでよし》は一五万余の大軍を朝鮮に派兵した(文禄の役＝壬辰倭乱《じんしんわらん》)。釜山《プサン》から攻め上り漢城・平壌を占領したが、朝鮮水軍や義兵の活躍により休戦となった。秀吉はさらに一五九七年(慶長《けいちょう》二)、ふたたび朝鮮に一四万余の軍勢を送った(慶長の役＝丁酉倭乱《ていゆうわらん》)。日本軍は当初より苦戦を強いられたが、翌年秀吉が病死すると撤退した。この二回の前後七年に及ぶ日本軍の朝鮮侵略は、農村を荒廃させ、農地を三分の一に減少させた。殺害されたり、戦闘で傷ついたりしたほか、多数の捕虜が日本に連れ去られるという、人的被害も甚だしかった。

回答兼刷還使

徳川家康《とくがわいえやす》は、政権を掌握すると、関係の悪化していた朝鮮との通交の再開を望んだ。対馬《つしま》の宗《そう》氏は、日朝間の交易を財政基盤にしてきており、通交再開に積極的に尽力した。対馬藩によって用意された日本からの国書が朝鮮王朝にもたらされ、これに応える回答と同時に、先に連行されていた捕虜を刷還《さっかん》する(連れ帰る)のを目的にした使節の派遣を朝鮮は決めた。実は新たな徳川政権がどのような政権で、前代のような侵略を行なうかどうかの実情を偵察することを目的とした使節でもあった。五〇四人(四六七人とする説もある)の朝鮮使節が一六〇七年(慶長一二)に来日し、一二四〇人に上る捕虜が帰還した(表1-1)。二年後(一六〇九年)には己酉《きゆう》約条

表 1-1　江戸期の朝鮮使節一覧

No.	聘礼期日	将軍	使命	人数	備考
1	1607(慶長 12) 6. 6	秀忠	修好，回答兼刷還	504	帰還捕虜 1240 人
2	1617(元和 3) 8. 26	秀忠	大坂平定祝賀，回答兼刷還	428	帰還捕虜 321 人
3	1624(寛永元) 12. 19	家光	将軍襲職祝賀，回答兼刷還	460	帰還捕虜 146 人
4	1636(寛永 13) 12. 13	家光	泰平祝賀通信使	478	以後，通信使と称す 日本国大君号制定 日光東照社参詣
5	1643(寛永 20) 7. 18	家光	家綱誕生祝賀	477	日光東照社参詣
6	1655(明暦元) 10. 8	家綱	将軍襲職祝賀	485	日光東照宮参詣
7	1682(天和 2) 8. 27	綱吉	将軍襲職祝賀	473	
8	1711(正徳元) 11. 1	家宣	将軍襲職祝賀	500	新井白石の聘礼改革 国王号一件
9	1719(享保 4) 10. 1	吉宗	将軍襲職祝賀	475	天和の旧礼に復す
10	1748(延享 5) 6. 1	家重	将軍襲職祝賀	477	
11	1764(宝暦 14) 2. 27	家治	将軍襲職祝賀	477	
12	1811(文化 8) 5. 22	家斉	将軍襲職祝賀	328	対馬易地聘礼

が対馬藩主宗氏と朝鮮との間で結ばれ、釜山に倭館《わかん》が設けられ交易の場になった。

一六一七年(元和《げんな》三)、二回目の朝鮮使節が来日した。徳川政権が豊臣秀頼《ひでより》率いる大坂方を平定したことを祝賀する目的と、回答兼刷還《かいとうけんさっかん》を目的に、四二八人の一行は上洛中の将軍徳川秀忠《ひでただ》の待つ伏見城《ふしみじょう》に赴いた。この使節では、三二一人の朝鮮人捕虜が帰還した。三回目の回答兼刷還使は、三代徳川家光《いえみつ》の将軍襲職の祝賀を兼ねるもので、一六二四年(寛永《かんえい》元)に派遣された。一四六人の捕虜が朝鮮に帰ることができた。

朝鮮通信使へ

三度の朝鮮使節は、捕虜刷還の成果を上げ、江戸幕府や沿道諸大名と庶民たちのもてなしを受け、この政権がふたたび朝鮮に攻め入るのではないかという対日警戒感を緩めることになったのであろう。そのことは前提になるとしても、朝鮮にとって火急の課題は北の女真族(後金＝清)の脅威にいかに備えるかであった。前述のように一六二七年、後金軍は三万人の軍勢で朝鮮に侵攻し(丁卯胡乱)、朝鮮軍を敗退させて和議を結び、いったんは撤退したものの、その後も後金は開市要求などを朝鮮に突き付け圧力を加えた。「親明排金」さらには「援明抗清」をスローガンにする朝鮮王朝は後金を脅威と感じて、北方の武備を強化する必要に迫られたのである。

そのためには朝鮮半島南方の倭《わ》(日本)に対する警戒を解き、南辺防備の常備軍を北方の後金に対する軍備強化に振り向けるために、日本との友好関係を深め、軍事対立を生じさせない外交政策が求められたのである。折しも日本から、四回目の朝鮮使節派遣の要請がもたらされた。一六三六年(寛永一三)二月のことである。この年は後金が国号を清と改め、朝鮮に臣従を強く求めた年でもある。日本からの要請に応え、泰平祝賀を名目に、信《よしみ》を通じる朝鮮通信使を江戸時代になって初めて派遣した。前三回とは異なり友好を前面に出しての使節の目的は、外交的に日本との友好を結ぶことで朝鮮南部の警戒と軍備を削減させることにあった。

通信使一行四七八名(四七五名とする説もある)が漢城を発ったのは八月一一日、九月六日に釜山に到着。準備を終えて一〇月六日に釜山を出帆《しゅっぱん》し対馬に向かった。対馬での藩主による礼宴などを終えて、一〇月二七日に福岡に着き、瀬戸内海《せとないかい》を航行して、大坂から淀川《よどがわ》を遡行し淀《よど》にて船旅を終え、一一月一〇日陸路京都に入る。東海道《とうかいどう》を進み一二月七日には江戸の宿舎(本誓寺《ほんせいじ》)に入り、一三日に江戸城において聘礼《へいれい》の式を行なった。将軍家光の慰労の言葉や宴を受け、さらに日光東照社《にっこうとうしょうしゃ》参詣を勧められた。これまでにない日光参詣の勧めに戸惑いながらも、朝鮮使節は友好重視の観点からこれに同意した。

通信使が役目を果たし、再び釜山に戻った時、清の一二万の軍勢によって都はすでに陥落し、朝鮮王は清の王に臣従の礼をとらされた後であった。以後、朝鮮は清朝に従い朝貢使節(燕行使《えんこうし》)を北京に送り続ける。

朝鮮通信使の派遣による日朝間の友好関係を結べたことを、単純に評価するのではなく、明清交替の激動の中で、王朝と民族存続のために、したたかともいえる外交政策をとった、朝鮮王朝の真意を理解する必要があろう(図1-4)。

図 1-4　朝鮮通信使来朝図．延享 5 年(1748)頃，江戸日本橋本町通り．羽川藤永筆．

日本側の事情

全部で一二回の朝鮮使節の内、四回目にあたる一六三六年(寛永一三)の朝鮮通信使派遣は日本側の事情からも考えなくてはならない。三回目や、六回目以降一二回目までは、新たな将軍の襲職祝賀を使命にした使節であった。四回目は将軍徳川家光の治世が十数年続いた頃であり、幕府は別の意図から使節派遣の要請をしたものであった。

前年、「柳川一件《やながわいっけん》」と呼ばれる、対馬藩主宗義成《そうよしなり》と重臣柳川調興《やながわしげおき》との争論に対する、幕府裁許が出された。一〜三回の朝鮮使節は、幕府から先に国書を朝鮮側に送り、その回答の使節であったが、これは柳川調興が国書を偽造していたもので、柳川氏や関係者は罰せられた。以後、幕府は対馬厳原《いづはら》の以酊庵《いていあん》に京都五山《ござん》の高僧を輪番(一〜三年)で派遣し、国書の作成にあたらせた。対馬藩に委任するのではなく、幕府が出張所を設けて直接任務にあたらせる体制に切り替えたもので、外交権の所在は明確になった。

また、これ以降の国書や書簡には「日本国王」ではなく「日本国大君」の称号を用いることに統一する。こうした外交体制の確立に基づく、朝鮮との外交関係を確認する意味からも一六三六年(寛永一三)の朝鮮使節派遣要請がなされたものであった。

倭館

オランダ商館のある長崎の出島《でじま》の広さは約四〇〇〇坪、同じく長崎に設けられた唐人屋敷はおよそ一万坪の広さであった。これに対し釜山の草梁《チョリャン》というところに一六七八年(延宝六)に設けられた倭館(草梁倭館)はおよそ一〇万坪の広さがあった(図1-5)。それまでの釜山の豆毛浦《トゥモポ》にあった倭館は約一万坪であったから、草梁倭館の規模は大きい。足かけ四年にわたる日本と朝鮮の職人たちによる合作で完成したものであった。以後、幕末まで対馬から派遣された藩役人や商人が館内に居住し、交易にあたった。広大な倭館建設には当然費用もかかったが、対馬藩はこの当時負担に耐える財力があった。

対馬の地形で稲作に適するところは乏しく、麦作を行ない、いわば無高であった。肥前国《ひぜんのくに》の飛地領《とびちりょう》をあわせても一万二〇〇〇石に満たない知行《ちぎょう》では、決して財力があるとは言えない。それを上回る収入が、朝鮮との交易による利益である。
当初は朝鮮産の木綿の輸入で収入を得たが、国内産の木綿が日本の市場に行き渡ると衰退した。これに代わったのが中国産の生糸・絹織物であった。マカオを拠点にしたポルトガルによる中国産生糸や絹織物の販売が鎖国政策により遮断される中、対馬藩は朝鮮経由で入荷した中国産品を日本市場に運んで利益を上げることができた。折しも明清交替の動乱が終焉した寛文期から、対馬藩は目覚ましい量の中国産生糸や絹織物の販売を、京・大坂の上方《かみがた》市場で展開した。

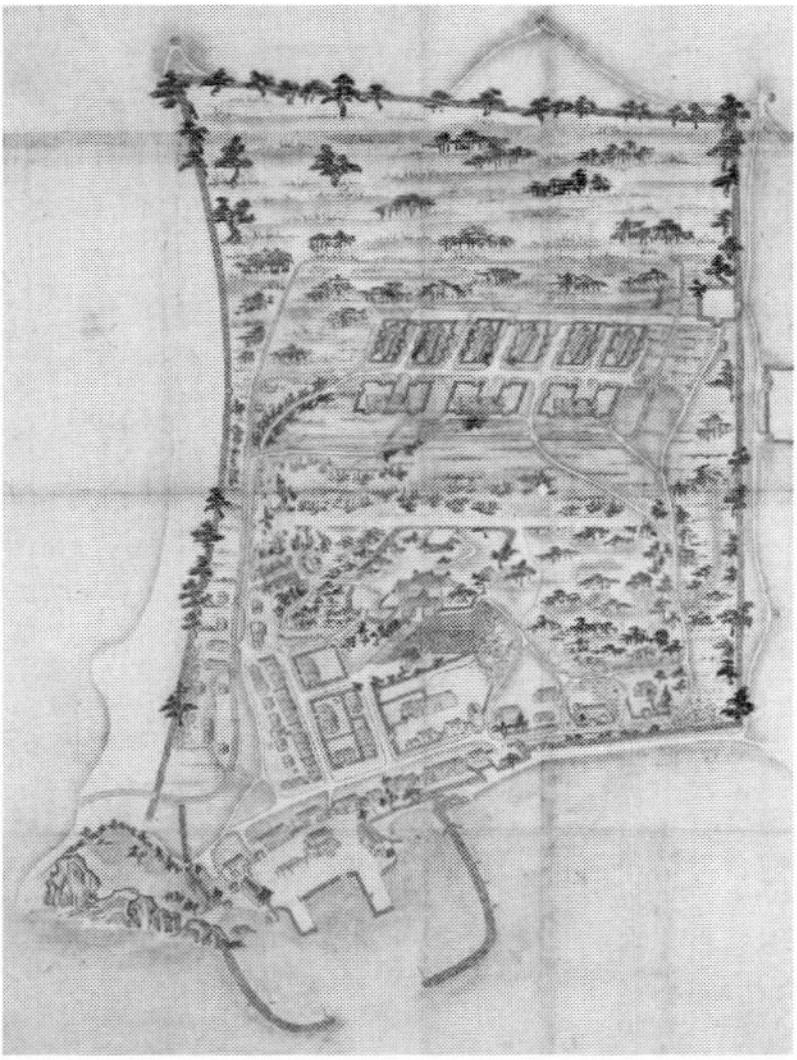

図 1-5　釜山の倭館全景図．10 万坪の敷地は石垣で囲まれていた．中央やや下に館主の屋敷が，下部に船だまりが描かれている．

朝鮮人参(薬用ニンジン)もまた、対馬藩にとっての大きな収入源であった。こちらは上方ではなく、万病薬としてその効能が高く評価され、高価であるにもかかわらず服用されていた江戸における販売が中心となり、一六七四年(延宝《えんぽう》二)に対馬藩は人参座を設けて、多くの需要にこたえた。軽量で高価な朝鮮人参は収益を生んだが、後に享保《きょうほう》期以降国内での栽培が行なわれ出すと、独占的な収益は見込まれなくなる。その点、生糸や絹織物についても同様で、元禄期以降国内での生産・流通が各地で展開されるようになると、対馬藩の朝鮮交易で得た中国産生糸・絹織物からの収益は後退していくことになり、藩財政の窮乏を招くことになった。

3　琉球王国

中山王府と二元的外交

中国大陸における明清交替の戦乱は、琉球王国にも強い影響を与えた。かつて一六〇九年(慶長一四)、島津《しまづ》家久《いえひさ》の軍によって征服され、薩摩《さつま》藩の支配下に入った中山王府《ちゅうざんおうふ》は、検地《けんち》や刀狩《かたながり》を受けて兵農分離された農村社会を土台にし、尚氏《しょうし》は石高八万九〇〇〇石の領知を受けた。中山王の代替わりごとに就任を感謝する謝恩使《しゃおんし》と、将軍の代替わりごとに奉祝する慶賀使《けいがし》の琉球使節を江戸に送った(表1-2)。

それよりも頻繁に、中山王府は冊封《さくほう》を受けていた明朝に対し、朝貢《ちょうこう》の使節を福建(琉球館が設置された)の港まで船で、その後は陸路北京まで派遣した。朝貢貿易で得た商品や琉球産の黒砂糖などは、薩摩国鹿児島にあった琉球館(琉球の出張所で王府から役人を派遣)を舞台にして薩摩藩と交易された。

琉球王府は、明朝と薩摩藩・江戸幕府と二元的な外交体制をとりながら、自立した独自の風俗や政治体制を維持していたから、いまや清によって明朝が滅ぼされるのは大きな衝撃であった。それはまた、薩摩藩や江戸幕府にとっても対応を迫られる重要な問題となった。

一六四四年三月、明朝は滅亡し北京を明け渡し、南京に移った福王《ふくおう》が亡命政権を作り、福州を拠点に唐王《とうおう》が、さらに明朝の一族である魯王《ろおう》や桂王《けいおう》が中国南部に南明政権を樹立して清朝に抵抗した。北京には、瀋陽《しんよう》から遷都して清朝政権が樹立された。清朝は、従属の証として漢人たちに辮髪《べんぱつ》を強制していった。

福州の唐王は、東シナ海を舞台に海商として活躍していた鄭芝龍《ていしりゅう》の援護を受けていた。鄭芝龍と平戸の田川七左衛門《たがわしちざえもん》の娘との間に生まれた息子が、鄭成功《ていせいこう》であった。鄭親子は、「援明抗清」のために日本に武器と軍隊の派遣を要請した(日本乞師《きっし》)。一六四五年一二月、鄭芝龍の部下の手紙を持った商人(林高《りんこう》)が長崎に到着し、三〇〇〇人の精兵と二〇〇領の甲冑《かっちゅう》の援助を長崎《なが》崎奉行《さきぶぎょう》に求めた。これに対し幕府は、一部に明支援の意見があったものの、援兵を断る回答を与えた。

16	1832(天保 3) 閏 11. 4	謝恩使	(18 代)尚育 襲封御礼	78	正使死去のため代役の普天間親雲上,上野東照宮参詣
17	1842(天保 13) 11. 19	慶賀使	徳川家慶襲 職祝賀	99	
18	1850(嘉永 3) 11. 19	謝恩使	(19 代)尚泰 襲封御礼	99	

翌一六四六年八月にも再度、今度は唐王(隆武帝《りゅうぶてい》)の使者である黄《こう》徴明《ちょうめい》が日本に加勢を乞い、幕府に伝えられた。御三家《ごさんけ》も評議に加わり、幕府は慎重な姿勢をとることになった。この動きの中で島津氏は派兵に積極的な覚悟を示した。この幕府の援兵拒否の回答の後、八月下旬に福州の唐王政権が清軍によって陥落されたが、その知らせは一〇月に幕府に届けられた。

江戸幕府の外交政策

それから一〇年、一六五五年(明暦元)に、滅亡した明朝に代わって清朝が、琉球に対して冊封使を派遣するとの情報を得た薩摩藩は、幕府に伺いを立てた。冊封とともに辮髪・筒袖《つつそで》の衣装などの風俗の強制が迫った場合、薩摩藩はこれを拒絶して清船を追い払うべきかどうか、幕府に指示を仰いだのである。当然、清船を追い払えば戦端を開く可能性が高まる。

幕府(老中松平信綱《まつだいらのぶつな》)は、薩摩藩主島津光久にあてて次の指示を与えた。清朝からは「人数大勢」を遣わすことはないと思われるが、髪を韃靼人のように強制されても言う通りにして、抵抗しないように命じ

表 1-2　江戸期の琉球使節(謝恩使・慶賀使)一覧

No.	聘礼期日	名称	使命	人数	備考
1	1634(寛永 11) 閏 7. 9	謝恩使	(8 代)尚 豊御礼	?	京都二条城まで
2	1644(正保元) 7. 12	慶賀使	徳川家綱誕生祝賀	70	江戸上り始まる. 翌年より日本国大君号使用
		謝恩使	(9 代)尚 賢襲封御礼		日光東照社参詣
3	1649(慶安 2) 9. 1	謝恩使	(10 代)尚質襲封御礼	63	日光東照宮参詣
4	1653(承応 2) 9. 28	慶賀使	徳川家綱襲職祝賀	71	日光東照宮参詣
5	1671(寛文 11) 7. 28	謝恩使	(11 代)尚貞襲封御礼	74	上野東照宮参詣
6	1682(天和 2) 4. 11	慶賀使	徳川綱吉襲職祝賀	94	
7	1710(宝永 7) 11. 18	慶賀使	徳川家宣襲職祝賀	168	琉球使節に清国風の旅装を命ず
		謝恩使	(12 代)尚益襲封御礼		上野東照宮参詣
8	1714(正徳 4) 12. 2	慶賀使	徳川家継襲職祝賀	170	琉球国王の書簡問題. 日本国大君号の使用中止
		謝恩使	(13 代)尚敬襲封御礼		上野東照宮参詣
9	1718(享保 3) 11. 13	慶賀使	徳川吉宗襲職祝賀	94	
10	1748(寛延元) 12. 15	慶賀使	徳川家重襲職祝賀	98	
11	1752(宝暦 2) 12. 15	謝恩使	(14 代)尚穆襲封御礼	94	上野東照宮参詣
12	1764(明和元) 11. 21	慶賀使	徳川家治襲職祝賀	96	上野東照宮参詣
13	1790(寛政 2) 12. 2	慶賀使	徳川家斉襲職祝賀	96	
14	1796(寛政 8) 12. 6	謝恩使	(15 代)尚温襲封御礼	97	上野東照宮参詣
15	1806(文化 3) 11. 23	謝恩使	(17 代)尚灝襲封御礼	97	上野東照宮参詣

図 1-6　琉球使節江戸上り．「琉球中山王両使者登城行列図」．

た。幕府(家綱《いえつな》政権)は、琉球支配をめぐって清朝と戦端を開くことを避けた。戦争よりは、清の冊封体制と共存した東アジア世界の平和と秩序を、家綱政権は求めたということである。

　七年後の一六六二年、清朝は最後まで抵抗した南明政権の桂王を、明の武将呉三桂の軍勢の力を借りて滅亡させ、さらに台湾を拠点にしていた鄭成功も没したことで、清朝政権の安定度はいや増しになった。その翌年(一六六三年)、清朝第四代皇帝の康熙帝《こうきてい》は琉球に冊封使を送り、尚質《しょうしつ》を「琉球国中山王」に冊封した。もっとも辮髪など風俗の強制はなく、琉球独自の風俗が存続された。一六六三年は日本では寛文三年にあたる。日本を取り巻く東アジアの外交体制は、明清交替が一段落した寛文期を境にして一層安定度を増した。

　琉球はこれ以降、薩摩藩の支配を受けつつも、清朝からの冊封を受ける形での二元的な外交体制をとりながら、独自の政治体制と風俗を保っていくことになる。琉球は一六三四年から一八五〇年までに、合わせて一八回の謝恩使と慶賀使を送り、清国風の装いで江戸上りを行なった(図1-6)。単純に平均すれば、一二年に一回の割合での使節派遣であった。これに対し、冊封を受ける清朝への朝貢使節は二年に一回の割合で北京に遣わされ、清朝の冊封体制下の国々・諸民族の中で、琉球は朝鮮に次ぐ第二位の席次を確保した。

4 アイヌ社会

シャクシャインの戦い

蝦夷地《えぞち》におけるアイヌ民族と松前藩《まつまえ》・江戸幕府との関係もまた、中国大陸における明清交替の動乱と無縁ではなかった。

中世期に和人地《わじんち》(渡島《おしま》半島南部)に勢力を持っていた蠣崎《かきざき》氏が、近世期に松前《まつまえ》氏と改称して、和人社会の中心に存在した。松前氏は徳川家康からアイヌ社会との交易独占権を保障され、松前の地を拠点にして家臣団を形成し、藩政をしいた。

アイヌ民族は、広大な蝦夷地に居住したほか、樺太《からふと》・千島《ちしま》・カムチャッカ半島南端・本州北端においても独立した生活を営んでいた。蝦夷地のアイヌは、河川流域を単位に集落(コタン)を形成し、河川に上ってくるサケ・マスを捕獲し、周辺の山での狩猟や、山菜や木の実の採集、簡単な農耕を行なって生活した。松前藩に対しては首長たちがウイマム(贈答品交換儀礼)に訪れ、酒や米など自ら生産できない物品を入手する機会になった。

川における権益を、他の集落(コタン)から侵すことはできないが、近接した河川では集落同士で争いが生じることがあった。シブチャリ川下流のシャクシャインを首長とする集団と、シブチャリ川上流のオニビシを首長とする集団は、川の漁猟権をめぐって二〇年前から対立していたが、一六六八年(寛文八)、ついに戦闘に及んだ(図1-7)。オニビシ側が松前藩に兵具や兵糧を借りるために使者を遣わしたところ、使者が突然に病死したことから、アイヌ側はこれを松前藩による毒殺とみて、両集団は抗争を中止し、シャクシャインは全蝦夷地のアイヌに対して、和人との戦いに立ち上がるように呼びかけた。これ以前、アイヌたちに交易をめぐっての不満が鬱積《うっせき》していた。たとえば干鮭五束と米を交換する比率が、二斗から七~八升へと半分以下に減らされたり、アイヌの川で和人が大網で鮭を取り上方に送ったりしたため、アイヌの取得分が失われ、不満を抱いていた。

一六六九年(寛文九)、石狩《いしかり》地方を除くアイヌの一斉蜂起が起こり、和人二七三人が殺された。そのうち一九八人は本州からの出稼ぎ人で、商船一七隻が襲われた。幕府は深刻に受け止めた。蝦夷地の全アイヌの数は二万余りとの認識が持たれ、これに大陸の女真族(清朝)が加担するのではないかと、幕府は危惧した。アイヌ民族は、実際に大陸に渡り女真族やツングース族と交

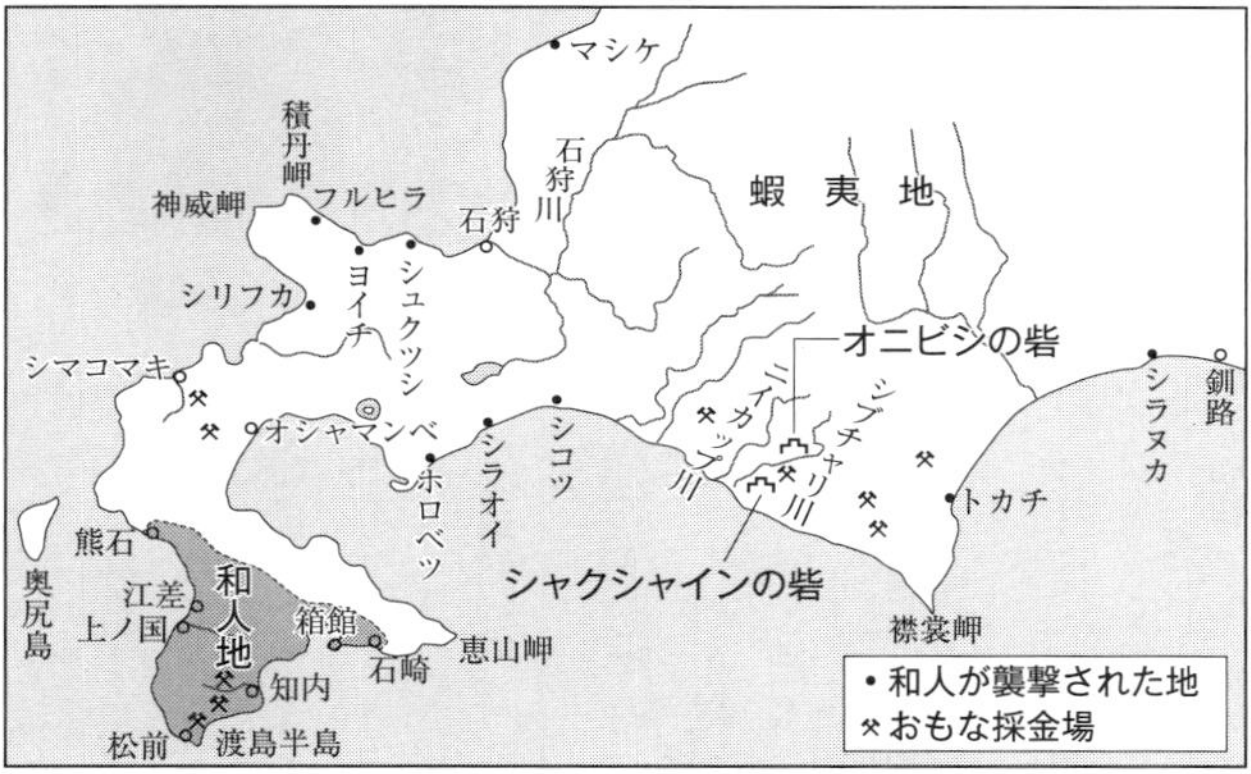

図1-7　シャクシャイン関係地図

易を行なっており、明清交替期の中国大陸における戦乱と、シャクシャインの戦いとを結びつけた危機感を幕府が抱いたとしても自然のことであった。

幕府は知らせを受けて四日後には、藩主松前矩広《のりひろ》が幼少(一一歳)であることから、大叔父の旗本《はたもと》松前泰広《やすひろ》を進発させて軍事指揮にあたらせ、津軽《つがる》藩も松前に兵を送り備えた。松前藩側は、アイヌ側にいったん和議を申し入れ、その講和の席でシャクシャインら首長一五人を殺害した。力のある首長たちを失ったアイヌの集団は、やがて降伏を余儀なくされ、いわゆるシャクシャインの戦いは一六七一年に終結した。

戦後、幕府はアイヌの人びとが松前藩和人地や津軽など本州に自由往来することを禁じ、境界を設けてアイヌの居住・往来を蝦夷地に封じ込めた(図1-8)。そのため、津軽藩や松前藩和人地に居住していたアイ

図1-8　アイヌの参賀の礼．左手の一段高いところに，式服を着た藩主松前矩広が着座している．

ヌの人びとは分断されることになった。シャクシャインの戦いの終結した頃、津軽半島にはアイヌの居住村が一五か村、家が四二軒あったことが記録されている。下北《しもきた》半島にもアイヌの居住は確認されている。本州アイヌは海での漁業や廻漕業《かいそうぎょう》・畑作など和人と変わらぬ仕事に従事した。和人と共存するアイヌの姿を描くことができる。

商場知行制

シャクシャインの戦い以前から、河川流域単位のアイヌ集落と交易する権利を、松前藩の家臣たちは、大名(松前氏)から知行《ちぎょう》として与えられていた。家臣が与えられた一定の地域(河川流域)を商《あきな》場《いば》または単に場《ば》所《しょ》といい、家臣に与えられるアイヌとの交易の権利を商場《あきないば》知行権《ちぎょうけん》と呼ぶ。江戸時代には、稲作を基礎に石高《こくだか》を単位にして、将軍から何万石という知行を安堵《あんど》された大名が、家臣に知行ないし禄米《ろくまい》を与え、これに応えて家臣は大名に奉公をする、という主従関係を結ぶ。蝦夷地は稲作に適さず、無高であったため、将軍から松前氏に与えられた知行はアイヌとの交易権であった。松前氏は家臣に、アイヌとの交易権を分与して主従関係を結んだのである。

家臣たちは自分の商場に舟を送ってアイヌと交易し、アイヌ側から得た産物を松前・江差《えさし》・箱館《はこだて》の三港に運んで、和人の商人に売りさばいて収入とした。和人の商人は北陸《ほくりく》や遠く畿内《きない》から三港に入船するが、松前藩は入港税を徴してこれを藩の財源の一つにした。家臣たちは、アイヌとの交易に際し不公平な取引を行ない、少しでも収入を増やそうとしたため、アイヌの側に不満が募り、シャクシャインの戦いの原因となったことは前述した。

戦いに敗れた後、商場におけるアイヌたちの多くは、それまでの対等な交易者という立場から自立度が失なわれ、劣勢な関係になった。さらに、家臣たちは自分の商場における交易を和人の商人に任せ、商人から毎年一定の運上金《うんじょうきん》を受け取るという方式を取り始めた。この方式を場所請負制度《ばしょうけおいせいど》と呼ぶが、和人商人は請け負った場所において、アイヌの人びとを働かせる立場になっていき、ますますアイヌの自立度は失われ従属する立場になっていった。

四つの窓口

北方での秩序が、シャクシャインの戦いを最後に形成され、前述のように明清交替の影響を受けた朝鮮や琉球との関係も落ち着いたものになり、それ以前に形成された、長崎におけるオランダ商館と中国船との関係も秩序を保ったことで、寛文期(一六六一～七三年)には、日本の国内外の「平和」は安定的なものになった。これ以後も、幕府は四つの窓口(長崎・対馬・薩摩・松前)を通して異国・異民族との交流を持った。東アジアにおいては、伝統的な中国(清朝)を中心にした冊封体制と、日本を中心にした四つの窓口を通した外交秩序とが共存する状態が確立した。このあとおよそ一八〇〇年代に新たに進出するロシア・イギリス・アメリカなどからの圧力が加わるまで百数十年間継続し、国内の泰平の時代を外側から守り保つことになる。

第二章　江戸幕府の権力機構

1　政治体制の整備へ

幼将軍と集団指導体制

日本列島を取り巻く東アジア世界が、中国大陸における明清交替に伴う動乱によって、いまだ不安定な状況が続いていた慶安《けいあん》四年(一六五一)四月、三代将軍徳川家光《いえみつ》が死去した。実力を持ち親政によって将軍権力を体現していた四八歳の家光が病死した時、長子家綱《いえつな》は身体の弱い一一歳の男児であった。幼い将軍が政権を主導することは不可能であった。

かつて、二代将軍秀忠《ひでただ》が大御所《おおごしょ》家康《いえやす》の後見《こうけん》を受け、秀忠も三代家光を大御所として後見したことで、安定した政権移譲が行なわれたのに対し、今回は父である家光の後に従って権力への道筋を付けることができなかった。大老酒井《さかい》忠勝《ただかつ》、老中松平信綱《まつだいらのぶつな》・阿部《あべ》忠秋《ただあき》に加え、叔父であり後見を託された保科《ほしな》正之《まさゆき》(図2-1)らは、危機感を抱きながら実質的に幕政を運営した。

まず家光の葬儀に関わる諸事を遂げた後、家綱の将軍宣下《せんげ》の準備にあたった。前代が上洛《じょうらく》して将軍宣下を受けたのに対し、家綱以降の歴代将軍は、勅使を下向《げこう》させて江戸城において将軍宣下を受ける形となった。寛永《かんえい》一一年(一六三四)、家光が三〇万七〇〇〇人の大軍勢を率いて入京して以来、幕末の文久《ぶんきゅう》三年(一八六三)に一四代将軍家茂《いえもち》が上洛するまで、二三〇年間将軍の上洛は見られなかった。幕府による朝廷統制策が、寛永一一年の家光上洛によって決定的に確立したことにより、家綱の上洛は必要がなくなった。

さらに付け加えれば、家綱が諸大名を率いて上洛する軍事指揮権を確立させていなかったということである。知行《ちぎょう》を宛《あて》がう御恩《ごおん》に対し軍役《ぐんやく》(奉公《ほうこう》)を果たすという主従関係が、幼将軍家綱と諸大名との間に未だ確立できていない状況で、大軍勢を率いての上洛という軍事演習は回避されたものと考えられる。七月一三日にすでに朝廷でなされた将軍宣下や官位《かんい》叙任《じょにん》の宣旨《せんじ》や位《い》記《き》などが、八月一八日江戸城中に運ばれ、上段に着座した将軍家綱に対し、下段の勅使が宣旨などを差し上げる儀式が行なわれた。

図2-1　保科正之像

慶安事件と牢人

将軍宣下の儀式が行なわれる少し前、慶安《けいあん》四年(一六五一)七月二三日に、「慶安事件」あるいは「由比正雪《ゆいしょうせつ》の乱《らん》」と呼ばれる事件が発覚した。由比正雪ら牢人《ろうにん》たちが幕府転覆の陰謀を企てているとの密告が複数あった。由比正雪が駿府《すんぷ》の町に火を放ち、城から武器を奪って久能山《くのうざん》に立て籠もる、一方、槍《やり》の名人として道場を開いていた牢人丸橋忠弥《まるばしちゅうや》が江戸で騒ぎを起こし、久能山に合流するという計画が密告された。幕府はこれを未然に防いだ。

駿府町奉行は、駿府の宿屋に宿泊していた牢人らを二五日に襲い、正雪はじめ八人が自害、二人を捕縛した。幕府は、この事件を天下《てんか》謀反《むほん》として、正雪の首を安倍川《あべがわ》の河原にさらし、八月二〇日に丸橋忠弥を江戸にて処刑し、その他三三人を磔《はりつけ》や打ち首にした。さらに九月一三日にも二三人を処刑している。事件そのものは幕府転覆に程遠いものであったが、幼将軍家綱の将軍宣下のための勅使一行が江戸に到着する、その前後の時機に発生した事件に、老中松平信綱以下の幕閣は神経を尖らせたに違いあるまい。

牢人集団によって計画された慶安事件は、牢人問題という社会の構造的矛盾を改めて顕在化させた。牢人たちの不満を解消させるには、仕官《しかん》させるのが一番の解決策であった。万治《まんじ》三年（一六六〇）、幕政批判によって改易された堀田正信《ほったまさのぶ》の家臣たちは、仕官の途を求めた。三七九名が親藩《しんぱん》・譜代《ふだい》など七〇大名と六旗本に仕えることができたと根岸茂夫氏が述べるように、再仕官の途は全く閉ざされていたわけではなかった。しかし、仕官先は乏しく、槍や剣術の道場を開く武芸に優れた者や、学問・芸能に秀でた者が、仕官はできないながら、大名屋敷に出入りして縁を保ち、仕官の機会を待つような牢人も存在した。いきなり徒党を組むという過激なイメージではない緩やかな牢人の存在も想定しておく必要があろう。

すでに発生した牢人に対し、一方で徒党を組んだ者を厳罰に処し、他方で仕官の途を諦めて、僧侶・寺子屋師匠や商人・百姓などに身分を改めることを奨励するという方策を、幕府はとってきた。その上で幕府は、これから牢人を発生させない方策として、大名改易《だいみょうかいえき》の大きな原因となっていた末期養子《まつごようし》の禁止を、慶安四年一二月に緩和させることにした。慶安事件が幕府に与えた影響と見て差し支えあるまい。それまで、大名当主が若死にし跡取りがなければ、家は断絶した。これを、当主が五〇歳未満の場合に末期《まつご》(死に際)に養子を入れることを認め、大名家の存続を図ることを許したのである。

寛文《かんぶん》四年(一六六四)、米沢《よねざわ》藩主上杉綱勝《うえすぎつなかつ》が二七歳の若さで病死した際、跡取りが無く、慶安四年以前であれば中世以来の名門上杉家は断絶になるところであった。末期養子の禁止が緩和されたことで、上杉家は急遽、高家《こうけ》吉良上野介義央《きらこうずけのすけよしひさ》の子景倫《かげとも》を養子に迎え、幕府に届けて認められた。三〇万石の半知一五万石の相続ではあったが、名門大名は存続できた。

明暦の大火

幼将軍家綱政権の時代、慶安事件とともに国内の状況を不安定にさせたものに、明暦《めいれき》三年(一六五七)正月に発生した明暦の大火を挙げることができる。江戸の冬は北からの風が強く、この二か月は雨も降らず乾燥していた。城北の本郷《ほんごう》から火の手が上がり、

図 2-2　明暦の大火．浅井了意『むさしあぶみ』万治 4 年(1661)刊．

北西の風に乗り、瞬《また》く間《た》に火災は武家地も寺社地も町人地も区別なく拡大していった。江戸城も例外ではなく天守閣を含む本丸・二の丸が焼失し、天守閣はそのまま再建されず現在に至る。一六〇の大名屋敷が焼かれたが、これは全屋敷数の四分の三に相当する。旗本屋敷が七七〇家以上、寺院・神社が三五〇余り焼失した。町人の居住地は四〇〇町が失われた。全体の約六割の町が灰となり、一〇万人の命も奪われた(図2-2)。

幕府は、大坂・駿府の蔵からも財源を出動させ、首都復興に取りかかった。江戸城の内堀内にあった御三家と甲府《こうふ》・館林《たてばやし》の屋敷を堀外に出して延焼の可能性を除いた。大名屋敷については豪華さを抑制させ、控えとしての中・下屋敷がこの後で拝領され、そこには庭園が設けられるようになった。

町人の居住する市街地では、江戸橋《えどばし》などに幅一〇〇メートル近い広小路《ひろこうじ》と呼ばれる道路を通して、延焼を防ぐ役割を持たせた。また明け地を残し火除《ひよ》け地《ち》とし、防火用の堤を築いてその上に松並木を植えてグリーンベルトの役割を果たさせた。また、消火組織として大名火消《だいみょうびけし》に加えて、翌年幕府は定火消役《じょうびけし》を設置した。持ち場を四地区に分け、火消屋敷を麴町《こうじまち》・飯田町《いいだまち》など四か所に設け、各々責任者に旗本一名が就《つ》き、与力《よりき》六騎・同心《どうしん》三〇人を従え、臥煙《がえん》と呼ばれる火消人足《ひけしにんそく》たちを屋敷に常駐させて消火に備えた。

幕府は、芝増上寺《しばぞうじょうじ》の遵誉貴屋《じゅんよきおく》に三〇〇両を与え、明暦の大火の犠牲者となった遺骸が、非人たちの力で集められていたのを弔《とむら》うために、本所《ほんじょ》に回向院《えこういん》を建立させた。いつの世でも、被災者を救済し、死者を弔うのは為政者(権力者)の務めである。家綱政権は、回向院建立を通してこの責任を果たした。

日光社参と家綱政権の自立

寛文三年(一六六三)は、四代将軍徳川家綱政権にとって前後を画す、将軍が自立した政権として踏み出す、出発の年となった。その背景には、まず日本を取り巻く東アジアの安定がもたらされたことが挙げられる。前年に南明政権の桂《けい》王《おう》が武将呉三桂《ごさんけい》により、中国雲南《うんなん》において討伐され、最終的に明朝が滅亡した。続いて台湾を拠点にして「援明抗清」の抵抗を試みていた鄭成功が死んだことで、清朝の覇権は安定した。

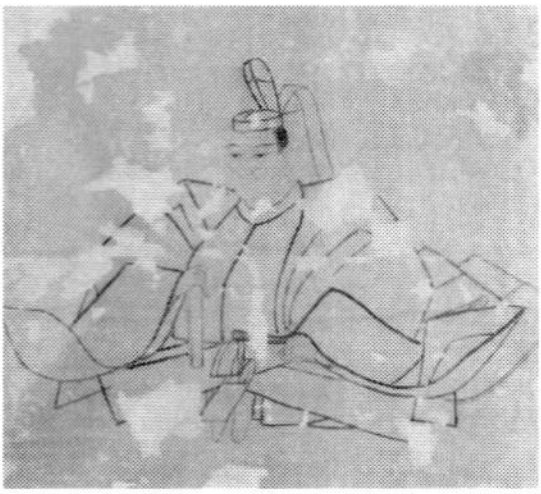

図2-3　徳川家綱像

幕府政権内部でも、幼くして将軍となった家綱を支え、政権を主導した老中松平信綱と大老だった酒井忠勝の二人が、前年に死去した。先代の将軍家光が取り立てた重臣の死去は、将軍家綱を中心とした政権の自立を否応なく促した(図2-3)。

この年(寛文三年)四月、徳川家綱は日光社参挙行を命じた。先代家光の九回目にあたる慶安元年(一六四八)の日光社参以来一五年ぶりのこととなる(表2-1)。

日光社参には大きく二つの狙いがある。まず何より、将軍が軍事指揮を執る大軍事演習の実行であった。三代将軍までは、実際の戦争があった。戦争のない時には、たとえば寛永一一年(一六三四)に三〇万七〇〇〇人の軍勢を率いて上洛したり、合わせて九回の日光社参を行なったように、家光は知行を宛《あて》がった大名・旗本に、知行相当の軍役動員をかけ、将軍が軍事指揮権を振るって、主従関係を確認する意味を持たせた。いま、四代将軍家綱は二三歳と成長し、諸大名に軍役をかけて日光社参という軍事演習を指揮する機会を作ったのであった。

主な狙いの二つ目は、日光東照宮の持つ権威を利用することにある。伊勢神宮《いせじんぐう》は天照大神《あまてらすおおみかみ》を祀り、天皇即位儀式の大嘗祭《だいじょうさい》で、皇祖神天照大神が新天皇の即位を認知する。日光東照宮もまた、徳川将軍の初代家康を東照大権現《とうしょうだいごんげん》として祀り、伊勢神宮同様に毎年勅使である奉幣使《ほうへいし》が発遣され神事を行なう。将軍が日光社参を行ない諸大名に供奉《ぐぶ》させ、京都から門跡《もんぜき》や公家《くげ》たちも参列させ、家綱政権に正当性を与える宗教的な効果を求めた。

かつて明暦元年(一六五五)に朝鮮通信使一行が江戸城を訪れ、四代家綱の将軍襲職を祝賀したのも、人びとの目には将軍代替わりを示す大きな出来事であった。しかしこのたびの日光社参は、将軍家綱の側が全大名・旗本に対し軍事指揮権を発動し、武家の棟梁たる地位を能動的に明示したことに注意を払う必要がある。実際この日光社参の後、次々に家綱政権の政策が展開されていく。

表2-1　将軍日光社参一覧

No.	年　月	将　軍
1	1617(元和3).4	2代秀忠
2	1619(元和5).10	〃
3	1622(元和8).4	〃
4	1625(寛永2).7	3代家光
5	1628(寛永5).4	〃
6	1629(寛永6).4	3代家光・大御所秀忠
7	1632(寛永9).4	3代家光
8	1634(寛永11).9	〃
9	1636(寛永13).4	〃
10	1640(寛永17).4	〃
11	1642(寛永19).4	〃
12	1648(慶安元).4	〃
13	1663(寛文3).4	4代家綱
14	1728(享保13).4	8代吉宗
15	1776(安永5).4	10代家治
16	1843(天保14).4	12代家慶

殉死の禁止

日光社参を無事終えて翌五月、将軍家綱は代始めの「武家諸法度《ぶけしょはっと》」を発布した。これまた全大名に将軍の地位を誇示する儀式である。江戸城大広間の上段の間に出御《しゅつぎょ》した将軍家綱は、諸大名の着座する座敷に向かって、武家諸法度はこれまでのものに加えて改定の趣があることを告げて退出した。林春斎《はやししゅんさい》（鵞《が》峰《ほう》）が先代並みの二十一か条の武家諸法度の各条目を読み上げ、しかる後に当代独自の一か条を別紙として読み上げた。

　殉死《じゅんし》は古《いにしえ》より不義無益《ふぎむえき》の事なりといましめ置くといえども、仰《おお》せ出《い》だされこれなき故、近年追い腹ども余多《あまた》これあり、向後《きょうこう》左様の存念《ぞんねん》これ有るものには、其の主人常々殉死致さざるように堅《かた》く申し含むべし、若《も》し以来これ有るに於いては亡主の不覚悟越度《おちど》たるべし、跡《あと》目《め》の息《そく》も押し留めさせずに不届きに思召《おぼしめ》さるべきもの也。

家綱政権は、殉死は不義（道に外れる）無益の事と否定したのである。父である三代家光が慶安四年（一六五一）に江戸城本丸において四八歳の生涯を閉じたその夜、佐倉《さくら》城主堀田正盛《ほったまさもり》（四四歳）・岩槻《いわつき》城主阿部重次《あべしげつぐ》（五四歳）・側衆内田正信《うちだまさのぶ》は退出して、それぞれの屋敷で追い腹を切った。その後も小十人組頭《こじゅうにんくみがしら》奥山安重《おくやまやすしげ》・書院番頭《しょいんばんがしら》三枝守恵《さえぐさもりしげ》が殉死した。阿部家では主人の後を追って腹を切った家来が五名を数えた。この時、家光を補佐し、側近く仕えた近臣たちの殉死を不義無益と咎《とが》める空気はなかった。

　それ以前、寛永一三年（一六三六）、仙台《せんだい》藩主伊達政宗《だてまさむね》が死去した際、殉死者が一五人あった。その殉死した者のためにさらに追い腹を切った者が五人あった。兼平賢治氏によれば、政宗の後を追った石田将監《しょうげん》以下一五名は、政宗に取り立てられ厚い御恩を蒙《こうむ》った者で、政宗の死後の世界でも、主人の側近く仕える意志からの追い腹であった。さらに万治元年(一六五八)、政宗の息で仙台藩主伊達忠宗《だてただむね》が死去すると、一二人の殉死者とその家来の四人の殉死があった。殉死者はいずれも忠宗の側近であり、取り立てられて強い恩顧を感じていた者たちであった。

熊本《くまもと》藩主細川忠利《ほそかわただとし》が、寛永一八年(一六四一)に死去した時には、一九人の家臣が殉死した。森鷗外《もりおうがい》の小説『阿部一族』は、この時の大名＝主人の死と家臣の殉死を題材に、藩主忠利の側近く仕え、殉死によって恩義に報いたいと思いながら許されなかった者に対し、周囲の者が殉死すべきと見なす、この時の熊本の空気を巧みに描いた。

家綱政権の前代において、殉死は将軍と大名の間でも、大名と家臣の間でも、家臣とその従者の間でも見られ、これをあるべき姿と肯定する価値観が存在した。現に、家光に殉死した堀田正盛(佐倉藩一一万石)の残された四子に、幕府は合わせて一一万八〇〇〇石を与えた。殉死を否定する意識は見出せない。

であるにもかかわらず寛文三年(一六六三)、家綱政権は、殉死は不義無益なこととして禁止したのである。価値観の一八〇度の転換と呼べる政策である。実際に、寛文八年、宇都宮《うつのみや》藩一一万石の藩主奥平忠昌《おくだいらただまさ》が死去した際に、重臣杉浦氏が追い腹を切ったのを殉死と見た幕府は、杉浦の二人の息子を斬罪に、娘婿二人と外孫を追放の刑にし、藩主忠昌の跡を継いだ息子の奥平昌能《まさよし》は殉死を押し留めなかった罪で、山形九万石に減転封した。大老酒井《さかい》忠清《ただきよ》は、これで済んだのは奥平忠昌が生前に功績が厚かったからであるとし、改めて殉死の禁止を繰り返し厳命した。

殉死の禁止を命じた家綱政権の意図はどこにあったのだろうか。要するに主人の死後は殉死することなく、跡継ぎの新しい主人に奉公することを命じたのである。武士の奉公の在り方は、かつてのように主人個人に死後まで忠誠を尽し奉公する属人的《パーソナル》な主従関係ではなく、主人の家に奉公することが望まれたのである。個人から家(組織)に奉公の対象を変えることが求められ、大名・旗本らは将軍その人ではなく徳川将軍家に奉公することとした。若輩で経験の乏しい四代家綱政権にとって、主人個人の能力にかかわらず、主家が永続的に主家であり続けるという論理は、政権の安定にとって重要であった。

この論理は大名と家臣との間でも意味を持った。最上《もがみ》騒動(元和《げんな》八年〈一六二二〉)のような、有力な重臣たちが跡継ぎの主人の能力を問い、交替を迫る御家騒動《おいえそうどう》を防ぐには、家臣が代々主家に奉公し続ける主従制の考え方を貫徹することに意味があった。すなわち、将軍家・大名家のいずれにとっても、殉死を禁止する論理は、主従制を安定させ、下剋上《げこくじょう》の論理を否定する効果を持った。

寛文印知

寛文四年(一六六四)四月、将軍家綱は諸大名への領知判物《りょうちはんもつ》・朱印状《しゅいんじょう》および目録を一斉に交付した(「寛文印知《かんぶんいんち》」と呼ぶ)。領知一〇万石以上の大名には将軍の書判(花押《かおう》)を記した判物(五〇通)が、それ以外の大名には将軍の朱印の捺《お》された朱印状(一六九通)が発給された(図2-4)。これは、御三家と甲府・館林の徳川氏大名と肥前国《ひぜんのくに》小城《おぎ》・蓮池《はすいけ》・鹿島《かしま》の佐賀《さが》藩支藩などを除いた数で、全二四四家のうちの九割に対して四月五日の日付で一斉に交付されたことになる。

家綱は慶安四年(一六五一)八月に将軍宣下を受けてから一三年後に、諸大名との間で実質的な主従関係を取り結ぶことができた。二代秀忠は一二年を要し三代家光は一一年を要したのは、いずれも先代の大御所が実質的な権限を有していたことも関係しよう。これら二・三代将軍と異なり四代家綱には先代による大御所政治が無かったにもかかわらず一三年の時間を要したのは、幼将軍で出発し政権の安定が見られなかったためであると考えられる。その意味でも前年の日光社参からの一連の政策は、政権確立に効果を持ったものである。

また、二・三代将軍が諸大名に対し個々に区々に発給したのと異なり、四代家綱は全大名に一斉に発給したところに意味を見いだせる。統一的に、同時に交付したことは、将軍が統一的

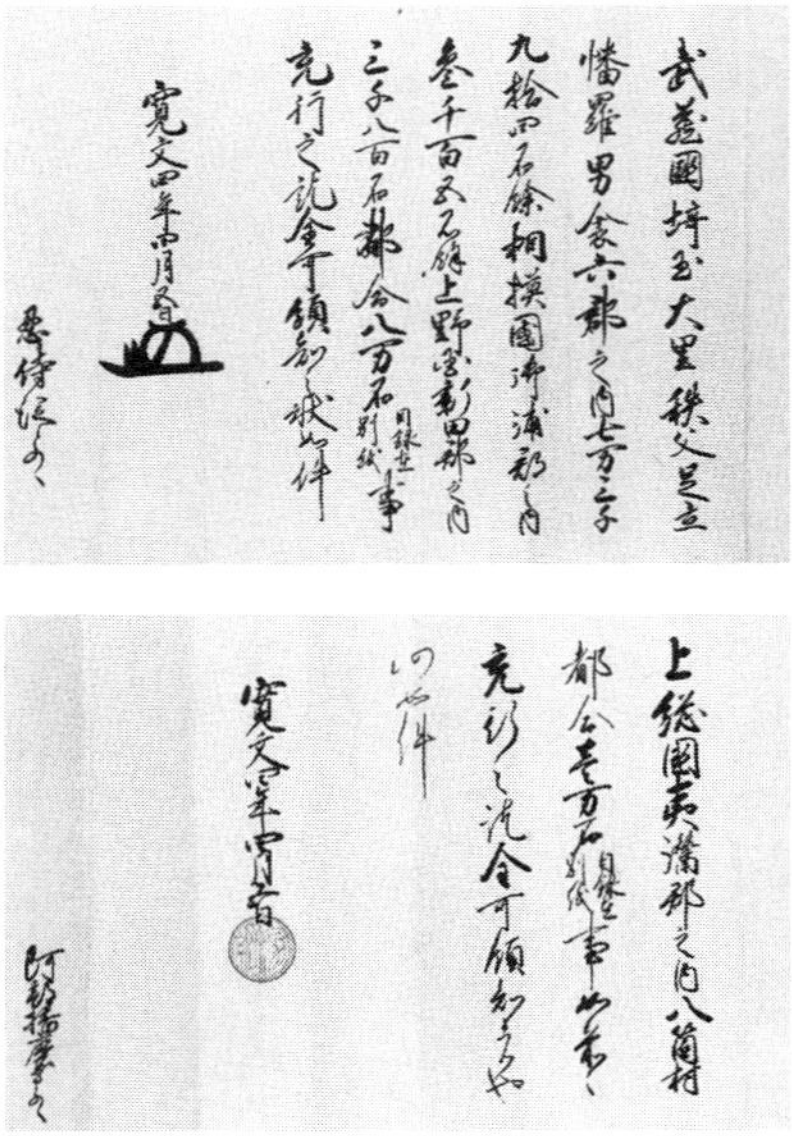

図 2-4　将軍の判物(上)と朱印状(下). いずれも徳川家綱から阿部播磨守正能宛て. 阿部家文書.

な知行体系の頂点に立ったことを明示し、将軍権力の体制的な確立を示すものとなった。

　翌年には近衛《このえ》・九条《くじょう》・一条・二条・鷹司《たかつかさ》の五摂家《せっけ》を始めとする公家たちに九七通、仁和寺《にんなじ》・青蓮院《しょうれんいん》・一乗院《いちじょういん》など門跡《もんぜき》に二七通、大聖寺《だいじょうじ》など比丘尼御所《びくにごしょ》(尼門跡)に二七通、若王子《にゃくおうじ》・理性《りしょう》院《いん》など院家《いんげ》に一二通、主だった寺院に一〇七六通、神社に三六五通その他七通を合わせ、総計一八三〇通が二年にわたって発給された。こうして判物・朱印状を交付された者たちは、江戸時代の封建制度に基づく支配領主層ということになる。そして一八三〇通を一斉に発給した将軍家綱が全国の土地所有者であることを、「寛文印知」は明確に示す行為となった。

　家綱政権の安定は、寛文五年(一六六五)に証人制度を廃止したことにも表れている。証人制度とは、譜代《ふだい》の大名を除く三五大名に対し、家老など重臣の長子を江戸の藩邸に人質として置かせた制度である。大名の妻子を江戸藩邸に置かせる制度もよく知られているが、慶長期以来、重臣の長子も人質として置かせるようになり、寛永期に徹底された。藩主のみならず広大な知行地を持つ重臣の意向が当時の藩政を左右するとの認識が持たれたもので、幕府に対する大名の臣従の証しとなった。

今や、殉死の禁止とこれに続く寛文印知によって、幕藩関係は安定し、藩内も安定する中で、重臣の長子を江戸の藩邸に臣従の証人として置かせる制度は不要となった。なお大名妻子は幕末まで江戸藩邸に置かれる。

機構の整備と全国統治

家綱政権は、全国を統治する権力にふさわしい官僚機構の整備も進めた。前代の家光政権が寛永一五年(一六三八)に、老中《ろうじゅう》を中心にその下に留守居《るすい》・寺社奉行《じしゃぶぎょう》・町奉行《まちぶぎょう》・大目付《おおめつけ》・勘定奉行《かんじょうぶぎょう》などを組み込み、権力の中枢に据えた。これに加えて家綱政権では、寛文二年に老中の職掌と若年寄《わかどしより》の職掌をそれぞれ明確に規定し、役割分担の定まった両者を中心にして、幕府職制はこれ以後確立し機能し続けることになる。

また、寛文五、六年には番方《ばんかた》の大番頭《おおばんがしら》(役料二〇〇〇俵)・書院番頭《しょいんばんがしら》(同一〇〇〇俵)や、役方《やくかた》の留守居(同二〇〇〇俵)・大目付(同一〇〇〇俵)のように、番方・役方の役料支給額を明細に取り決めた。将軍と主従関係を結ぶ旗本たちが、知行(御恩)に対する奉公として役儀を勤めるという関係とは別に、幕府の役人(官僚)としての役儀に対して報酬を受けるという関係が見出せる。

このような権力機構の整備を進めた上で、家綱政権は全国統治のための諸政策を展開させる。幕府は、巡見使《じゅんけんし》をまず寛文四年(一六六四)八月に関東八か国に派遣し、さらに寛文七年閏《うるう》二月に全国に向けて派遣した。旗本三名(使番《つかいばん》・書院番《しょいんばん》・小姓組番《こしょうぐみばん》)が一組になって全国を八地域に分けて担当した。たとえば畿内五か国と紀伊《きい》・讃岐《さぬき》・土佐《とさ》・伊予国《いよのくに》の合わせて九か国には、使番川口正信・書院番藤堂良宗・小姓組番堀直依の三人の旗本を遣わした。

巡見使の使命として、八か条が指示され、第一条で幕領・私領を問わず町と村々において仕《し》置《おき》(統治)の善悪を聴取することが命じられているように、直接領民から聞きただすことが求められた。このほかに、キリシタン宗門の仕置が常々油断なく申し付けられているか、物価の高騰によって迷惑していないか、幕府の仕置と変わることが行なわれていないかどうか、などの調査・巡見を行なった。家綱政権は、全国六六か国を対象に、幕領はもちろん私領も含めて統治する権限を行使した。

同年閏二月に、海難での紛争を生じさせないための決まりを公布した。諸国の海辺・浦々に制札《せいさつ》を立て、破損船の荷物などを取り上げた者は、浮荷物の場合は二〇分の一、沈み荷物の場合は一〇分の一を取得できると定めた。船舶による商品流通が全国的に発展したことを背景にして、寛文七年の幕府は、全国の浦々に幕領・私領を問わずに、海難訴訟の紛争解決の主体が幕府にあることを示したことになる。

さらに翌寛文八年四月、幕藩体制の基礎である石高制《こくだかせい》の基準となる枡《ます》を、全国的に統一させる政策をとる。まず、諸大名が領内で使用している枡の調査を命じた。当時、京枡（京都所司代《しょしだい》板倉《いたくら》氏公認）と江戸枡（江戸町年寄樽屋《たるや》藤左衛門《とうざえもん》＝枡座公認）のどちらかが使用されていたが、調査の上で寛文九年二月、全国統一の枡は京枡とすることを幕府は命じた。翌年九月には、江戸において京枡以外の使用を再度禁じ徹底した。

秤《はかり》もまた物品を計量する重要な基準となるが、幕府は承応《じょうおう》二年（一六五三）に定めた方式を寛文一〇年に再度触れて徹底を図った。すなわち、全国の内、東の三三か国は江戸の秤座守随家《はかりざしゅずいけ》の改めた秤を用い、西の三三か国は京都の秤座神家《じんけ》の改印した秤を使用することとした。

安定した、寛文三年以降の家綱政権は、以上のような政策を進めて全国を統治する権力としての姿を整えた。幕府は、慶長期や正保期の国絵図《くにえず》・郷帳《ごうちょう》の作成提出命令のように、全国に権限を及ぼすことはあったが、まだ関八州《かんはっしゅう》や東海道に限定されていたものもあった。これらを全国六六か国に拡大させて、制度の整備や統治（仕置）権を具体化していったことは、家綱政権期の特徴として認識しておく必要がある。

2　天皇・朝廷の存在と活用

幕府は、天皇・朝廷を掌に握るように独占し(あたかも、オランダ東インド会社との貿易を、長崎出島に閉じ込め独占したように)、天皇・朝廷の機能を国家統治のために利用した。そのために、まず天皇・朝廷をしっかり統制することが前提となる(図2-5)。

天皇・朝廷の機能

徳川家康以来の統制策(「公家衆法度《くげしゅうはっと》」「禁中並公家諸法度《きんちゅうならびにくげしょはっと》」など)は、後水尾《ごみずのお》天皇の突然の譲位(寛永六年(一六二九))で揺らいだかに見えたが、明正《めいしょう》女帝の即位式に合わせて上洛した土井利勝《どいとしかつ》・酒井忠世《さかいただよ》ら幕府の重臣が、朝廷統制機構の枢要とされた摂家・武家伝奏《ぶけてんそう》に再度確認を迫って、体制の引き締めを図った。さらに極めつけは、寛永一一年(一六三四)、三代将軍家光の三〇万七〇〇〇人の軍勢を率いての上洛であった。大軍勢の威力によって、統制の枠組みは確立し、基本的に幕末まで維持される。

幕府による統制下で、天皇・朝廷が果たした機能とは、一つ目は元号の宣下《せんげ》である。高辻《たかつじ》・坊城《ぼうじょう》・五条《ごじょう》・東坊城《ひがしぼうじょう》など学問を家業(家職)とする公家が、次の元号の候補を複数挙げて上申

(勘文《かんもん》)し、その中から朝廷が一つを選ぶ方法で、新元号は幕府に伝えられ、全国に触れ流される。朝廷は改元の宣旨《せんじ》を五畿内諸国に発するが、これはあくまで形式的なもので、朝廷にはいっさいの行政能力がなかった。一方、幕府が独自に新元号の勘文をすることはなかった。

二つ目の機能とは、朝廷による官位叙任《かんいじょにん》の制度である。公家や神職、僧侶や職人に至るまで、

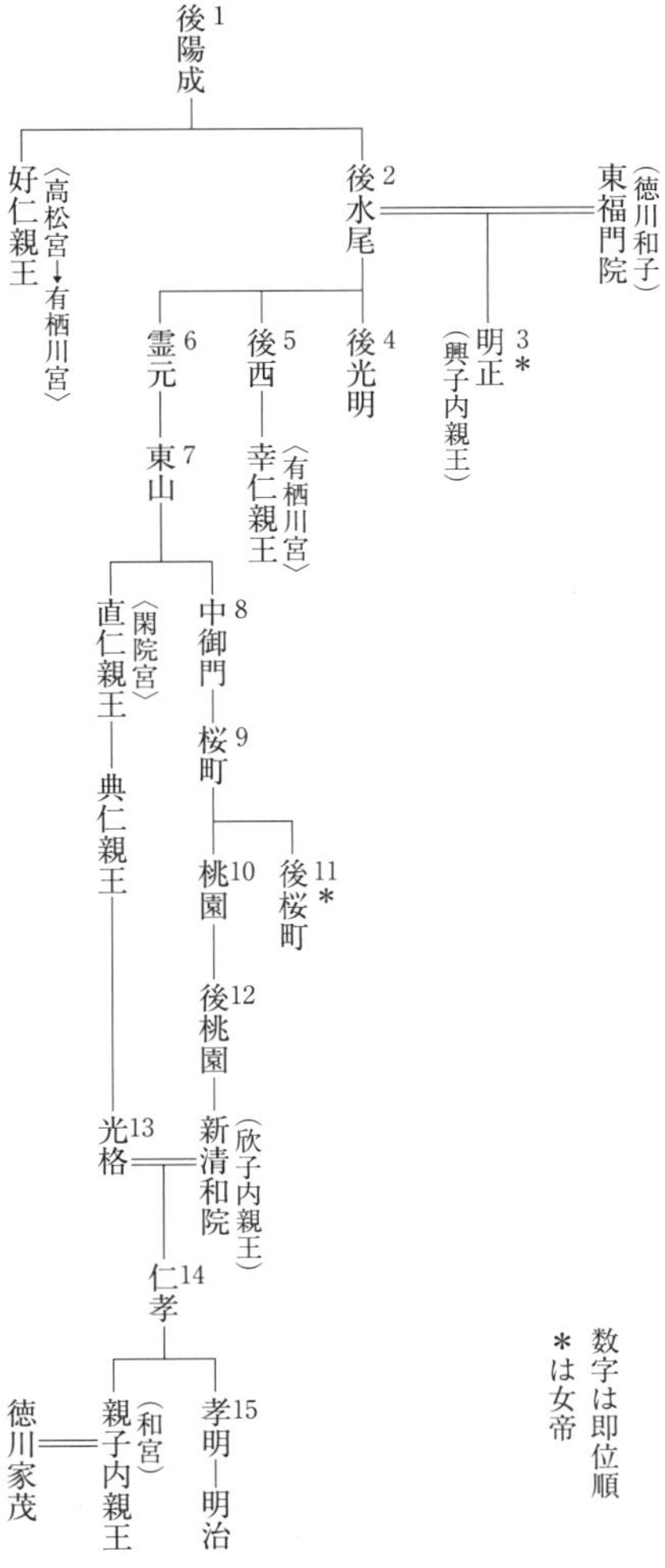

図 2-5　江戸時代の天皇略系図

官位叙任の権限は朝廷の下に掌握されていた。武家の官位も朝廷によって叙任され、石高や殿《でん》席《せき》などとともに武家の序列を作る一つの指標となった。ただし、武家(大名)が直接、朝廷に官位を申請することは禁止された。慶長一一年(一六〇六)に徳川家康は、自分の推挙の無い武家の官位叙任を禁止した。

さらに元和元年(一六一五)、「禁中並公家諸法度」第七条において、武家の官位は必ず幕府に願い出るものとした。幕府から朝廷に対し一括して申請し、朝廷から大名宛ての従《じゅ》四《し》位下《いげ》など位階を叙した位記《いき》や、薩摩守《さつまのかみ》などに任ずる口《く》宣案《ぜんあん》は直接大名には渡らず、幕府に一括して渡されたのち、幕府から大名に渡された。その際、すでに内大臣や薩摩守などの官職に任じられた現官(当官)の公家が他に存在しても、それとは別に武家に同じ官位を叙任した。公家とは別立てで、武家の官位が幕府の管理の下で存在したのである。大名が官位の上昇を望み、徳川将軍家と競うことや、その結果天皇の権威を高めることを抑止した。

三つ目の機能は、天皇・朝廷の持つ国家祭祀の機能である。仏教と神道の両者を通して国家祭祀・祈願が行なわれた。仏教では、歴代天皇の即位に際し真言密教の頂点に立つ灌頂《かんじょう》という儀式がなされた。また後《ご》七日御修《しちにちのみし》法《ほ》が正月八日〜一四日の間、清涼殿《せいりょうでん》において東寺《とうじ》長者によって修され、「玉体安穏・国家隆昌・五穀豊穣・万民安楽」を祈願する。これは承和《じょうわ》元年(八三四)に空海《くうかい》が勅命により内裏《だいり》真言院《しんごんいん》で行なったのが始めで、翌年から恒例となった。南北朝期に中絶したものを元和《げんな》九年(一六二三)に三宝院義演《さんぼういんぎえん》が再興した。また東大寺・薬師寺・法隆寺など古代以来の官寺や門跡寺院に、災害時などに国家安全祈願が朝廷より命じられた。これら仏教による国家祈願の機能が、江戸時代にも持ち続けられた。

また、神事を通じての国家祭祀の機能を、天皇・朝廷は担ったが、その特徴は内側から外側に向けて三重の構造を持つと捉えられる。第一の「内の神事」は、天皇が早朝に潔斎《けっさい》して、内《ない》侍所《しどころ》のちには清涼殿石灰壇《いしばいのだん》において「天下泰平・海内静謐」を皇祖神や天神地祇《てんじんちぎ》に祈願するもので、「毎朝の御拝《ぎょはい》」と呼ばれる。また、内侍所には神鏡が祀られ、采女《うねめ》によって神楽《かぐら》が行なわれ、天変地異や病気平癒のための祈禱がなされた。

朝廷祭祀の二重目の「表の神事」は元旦の四方拝《しほうはい》や、白馬《あおうま》の節会《せちえ》、新嘗祭《にいなめさい》など、朝廷の表で行なう年中行事や大嘗祭など臨時の行事である。

三重目の「外の神事」は平安時代後期に成立した二十二社制度を原型とする。伊勢《いせ》・石清《いわし》水《みず》・賀茂《かも》などを筆頭に二十二社に、律令制下の神祇官《じんぎかん》衰退後、平安時代後期に朝廷から祈年穀《きねんこく》や雨乞いなどを祈願する奉幣使《ほうへいし》が遣わされはじめた。二十二社に奉幣使を遣わす制度は室町時代から戦国期に衰退したが、三代家光は正保《しょうほう》三年(一六四六)日光東照宮(前年に宮号宣下を受ける）に朝廷から奉幣使を発遣させ、制度を復活させた。翌年から例幣使（毎年の奉幣使）として伊勢神宮と東照宮に幕末まで発遣させ続けた。徳川家康（東照権現）を祀る東照宮に、天皇の使いが幣帛《へいはく》を奉ることで、伊勢神宮に祀られる天照大神と同格の権威を与えることを求めたものである。

幕府は、日光東照宮・寛永寺《かんえいじ》・輪王寺《りんのうじ》門跡を創設し、朝廷による伝統的な二十二社制度の中に位置付けたほかは、国家の祈禱・祈願をもっぱら天皇・朝廷や門跡寺院・古代以来の大寺院・神社に委ねたのである。

後西天皇即位

天皇の皇位継承は、朝廷独自に進めるのではなく、幕府の許可を求めなければならなかった程に、この時代の朝廷は統制されていた。皇位継承を予定されている皇子である儲君《もうけのきみ》が決められていれば、天皇の崩御《ほうぎょ》や譲位後の皇位継承は問題なかった。しかしながら、儲君が幼児期に天皇崩御が起こると、事態は容易ではなくなる。明正《めいしょう》女帝が、寛永二〇年（一六四三）、皇弟に譲位して後光明《ごこうみょう》天皇が即位した（図2-6）。この天皇は、意思を前面に出す性格を持っていたが、在位一一年にして満二一歳六か月の若さで承応三年（一六五四）に突然病死した。幕府による朝廷統制に抵抗的な意思を示したこともあり、後年幕府による毒殺説が噂されたように、唐突な死去であった。

後継天皇は後光明天皇の末弟にあたる、後水尾院の皇子識仁《さとひと》親王が予定されていたが、儲君とはいえこの時生後四か月の幼児であった。天皇即位は不可能であった。朝廷の選択した方策は、後光明天皇のすぐ下の弟で、高松宮を継いで花町宮《はなまちのみや》を称していた良仁《ながひと》親王を急遽即位させ、識仁親王が成長後に譲位するという考えであった。

後光明天皇の喪を、関白などごく一部を除いて秘密にしたまま、直ちにこのことを江戸の幕府に伝えた。発足して三年目の家綱政権の同意を得て、発喪と後西《ごさい》天皇の即位となった(図2-7)。いわばつなぎ役である後西天皇の九年間の在位中、天皇は和歌その他の学芸や茶道・香道・華道に深い関心を持っていたため、この時期の文化的な充実は、後世に評価の対象になる。

図 2-6　後光明天皇像

図 2-7　後西天皇像

幕府との関係も穏やかで、このような環境下に、後水尾院は修学《しゅがく》院離宮《いんりきゅう》の造営(一六五五〜六三年)を指示し、洛北《らくほく》の長谷《はせ》・岩倉《いわくら》とともに、東福門院《とうふくもんいん》や娘明正院《めいしょういん》を伴って、しばしば御幸を楽しむ姿が記録されている。

寛文三年(一六六三)は家綱政権にとって画期となる年であったが、朝廷においても同様であった。後西天皇は、弟の識仁親王が一〇歳になると、寛文三年に譲位して霊元《れいげん》天皇が即位した。前述した家綱政権後半期の諸政策は、朝廷にも及んだ。

寛文印知と公家の役儀

一つは、寛文印知を公家・門跡などにも一斉に行なったことであり、もう一つは、幕府の官僚機構同様に朝廷の統制機構も充実させたことである。

表2-2は寛文印知によって給付された公家の知行高《ちぎょうだか》を一覧したものである。この時一一五家を数えた堂上《とうしょう》の公家(殿上人《てんじょうびと》)たちであったが、その後新家《しんけ》が増加し、寛延《かんえん》三年(一七五〇)には一三三家となる。摂家は一〇〇〇石以上だが、大多数は数百石に止まっている。また地下官《じげかん》人《じん》のうち主だった土山《つちやま》家・調子《ちょうし》家や舞楽を担う三方《さんぽう》(南都・天王寺・京)の楽人《がくにん》たちにも知行が与えられた。

将軍から知行の宛行《あてがい》を受けた大名や旗本は、将軍に対して直接、軍役・普請役などの役儀を果たし、御恩―奉公の主従関係を結ぶ。これに対し公家たちは、御恩として知行(家領)を与えられ、その奉公は、将軍や幕府に直接果たすことはなく、天皇・朝廷に奉公することで、国家の中での天皇・朝廷の機能が十全に果たされるように、間接的に将軍に奉公するものであった。

表 2-2　公家の知行高一覧(寛文 5 年)

(石)

知行主	石高	知行主	石高	知行主	石高
近衛	1,797 余	東園	180	四条	180
九条	2,043 余	東坊城	301	難波	300
二条	1,708.8	万里小路	390.9 余	鷲尾	180
一条	1,019 余	小倉	150	山本	150
鷹司	1,000	藪	180	下冷泉	150
転法輪三条	269.5	中山	200	梅園	150
花山院	715 余	六条	265 余	西大路	100
西園寺	597 余	千種	150	姉小路	200
徳大寺	410.4	竹屋	180	橋本	200
大炊御門	200	五条	171.4 余	久世	200
久我	700	裏松	130	高辻	200
菊亭	1,355.8	平松	200	西洞院	260
同内室	300	藤谷	200	武者小路	130
広橋	600 余	水無瀬	631.5	日野西	200
同息	250	正親町三条	200	庭田	350
飛鳥井	928 余	唐橋	182.5	櫛笥	183.6 余
正親町	352.6	白川	200	梅渓	150
葉室	183	船橋	400	吉田	766.9 余
小川坊城	180	伏原	230	勘解由小路	130
油小路	150	倉橋	150	富小路	200
園	186.9 余	樋口	200	甘露寺	200
中院	300	花園	150	萩原	1,000
日野	1,103.7	岩倉	150	土御門	177.6
四辻	200	綾小路	200	山科	300
柳原	202.6 余	堀川	180	竹内	187.9 余
清閑寺	180	中園	130	藤波	172.1 余
三条西	502.2 余	河鰭	150	土山	125
阿野	478.9 余	裏辻	150	調子	70 地下
勧修寺	708	今城	181.3 余	三方(南都・天王寺・京)楽人	2,000
烏丸	954.5	清水谷	200		
持明院	200	大宮	130		
松木	341.4 余	七条	150		
中御門	200	冷泉	300		
高倉	812.7 余	野宮	150		

「寛文朱印留」より作成.

公家の果たすべき役儀とは、禁裏《きんり》小番《こばん》と家業(家職)であった。これは慶長一八年(一六一三)の「公家衆法度《くげしゅうはっと》」で規定されており、禁裏小番は天皇の居住する禁裏を守衛する番役を務めることであった。摂家と現官大臣、武家伝奏を除く堂上公家を二組(内々衆《ないないしゅう》と外様衆《とざましゅう》)に分け、昼夜二交代制で勤仕させた。夜勤はすなわち宿直《とのい》である。寛文三年、霊元天皇即位の年に幕府は、内々衆よりもさらに近く天皇に勤仕する近習衆《きんじゅしゅう》も設けた。以後公家たちは、禁裏の三か所の詰所において小番を勤めた。

「公家衆法度」でもう一つ規定された役儀である公家の家業とは、表2－3、1～8番の摂家～新家が、朝廷の公事《くじ》(政事)や有職《ゆうそく》・儀式などを、滞《とどこお》りなく遂行するよう協同して担うものである。儀式などで手違いや誤りがあった場合、担当の公家は天皇から直接罰せられる勅勘《ちょっかん》を蒙ることもあった。だから、公家たちは自分が家礼《けらい》を勤める摂家のもとで習礼《しゅうらい》を行ない、誤りのないように準備する。

次に表の9～19番は、狭義の公家家業といえるもので、公家の家々に世襲される職務や技能をいう。表中の「現在」とは寛文八年(一六六八)当時を意味する。それ以前との変化が窺えるが、この後も公家の家業は時代とともに変化する。17番の装束を家業とする高倉《たかくら》家の場合、三代将軍家光の代から、将軍宣下などの際に衣冠束帯《いかんそくたい》の調進や着御を直接行なったほか、武家の中から吉良家など高家を高倉家に入門させて装束の事を学ばせた。「高倉 武家」と表にあるのは武家を担当するという意味である。

同じく装束を家業とする家でも、山科《やましな》家は禁裏にかかわっていた。たとえば天皇・皇后など

表2-3　公家の家業

No.	家業	家
1	摂家	朝廷の公事・有職・儀式などを担う（1～8）
2	親王	
3	清華	
4	大臣家	
5	羽林家	
6	名家	
7	羽林名家之外	
8	新家	
9	神祇伯	白川，吉田
10	和歌	二条，冷泉，飛鳥井，三条西 現在は中院，阿野，水無瀬も歌家として励んでいる
11	文章博士	高辻，東坊城，五条
12	明経	舟橋
13	能書	清水谷，持明院
14	神楽	綾小路，持明院，四辻，庭田，五辻，鷲尾，藪内，滋野井
15	楽　和琴	四辻，大炊御門
	琵琶	伏見，西園寺，今出川，園，綾小路
	箏	四辻，正親町，綾小路，藪内
	笛	大炊御門，綾小路，徳大寺，久我，三条，甘露寺，橋本
	笙	花山院，清水谷，松木，四条，山科
	篳篥	綾小路
16	蹴鞠	飛鳥井，難波，冷泉，綾小路 現在は冷泉，綾小路はその道断絶す，この外に賀茂の社司が蹴鞠の時に召し加えられる
17	装束	三条，大炊御門，高倉 武家，山科 現在は三条，大炊御門はそのこと断絶
18	陰陽道	賀茂家は近代断絶，庶流あり 安倍家は土御門家
19	外記　史	清原，中原

「諸家家業」(寛文8年〔1668〕)より作成.

の死去から一年間、全体が喪に服する諒闇《りょうあん》の年になるが、その場合の神事は常《つね》の装束と異なる。山科家に問い合わせをすると、たちどころに自家の記録中から検索して、しかるべき装束を回答する。山科家では、日常的に油断なく記録を残し、諮問にいつでも答えられるよう備えていた。それが同家にとっての果たすべき家業であった。

朝廷統制機構

家綱政権による朝廷統制機構の整備は、霊元天皇の即位に伴ったことが少なくなかった。天皇は父である後水尾院が六〇歳の頃誕生した皇子で、院の愛情を受けたものの、両者には世代間の考え方の相違も存在していた。寛永一一年(一六三四)の三〇万七〇〇〇人の大軍勢を目の当たりにしたか否かの違いであるとも言えよう。

後水尾院は霊元天皇が一五歳になるまで院政を執るが、さらに加えて、天皇の近くに「天子にふさわしい」行動が取れるよう養育係として四人の公家を付けた。しかしながら天皇は、自らの意中の女中を斥けたとして、養育係の一人である三条西実教《さんじょうにしさねのり》を処罰するよう主張した。問題を鎮静化させようとした京都所司代《しょしだい》板倉重矩《いたくらしげのり》は止むを得ず寛文九年、三条西を籠居《ろうきょ》に処し、天皇の憤りをおさめた。ちなみに板倉は、所司代に就く前は老中職であり、老中から所司代に転じた事例は空前絶後のことであった。家綱政権が朝廷統制に重きを置いていたことの表れと言えよう。

幕初から朝廷統制の機構は二重に設けられており、摂家と二人の武家伝奏によって内部から統制する方式と、京都に遣わされた武士が外側から監視・統制する方式であった。

武士による統制は、京都所司代に加えて、寛永二〇年(一六四三)から禁裏付武家が設けられていた。徳川和子《まさこ》入内《じゅだい》に伴って二人の旗本が女院付武家として仕えていたものを、後光明天皇即位時にこれを禁裏付に改め、所司代や武家伝奏の指示を受け公家の行跡の監督や、特に禁裏の諸経費の決済を行なう財政面での管理は重要な役割であった。あわせて幕府は、禁裏の財政と関係する京都代官を、寛文四年(一六六四)に設置し、禁裏・仙洞《せんとう》御料地の支配にあたらせた。

さらに寛文八年には、所司代の御用が繁多になったことから、それまで所司代の職掌であった町方《まちかた》支配について、京都町奉行を設置し、洛中・洛外の司法と行政を担当させることにした。この結果、所司代は朝廷に関する事柄に専念できるようになった。

また、幕府と朝廷の間に立って折衝を図る高家の職掌についても、寛文九年二月、所司代板倉は、それまで公家や門跡などが高家吉良上野介義央《きらこうずけのすけよしひさ》に取り次いでもらってきた仕組みを廃止し、公家などからは必ず武家伝奏を介して京都所司代に伝えるよう命じた。以後、高家の職掌は儀礼面に限定され、政治・行政に関する事柄は、すべて武家伝奏―所司代のラインを通すように、家綱政権の意向を受けた板倉によって定められ、幕末まで継続する。

内部からの統制についても、板倉重矩は整備を図る。霊元天皇による自分の近習《きんじゅ》(側近)への恣意的な官位叙任や、禁中で若い近習と催した花見の酒宴で、天皇が泥酔に及ぶという事件をきっかけに、老中に復帰した板倉は寛文一一年(一六七一)、天皇および側近の統制に踏み切った。

寛文三年に後水尾院の意図から霊元天皇に付けた養育係の任務・役割を明確にし、さらに繁多となった武家伝奏の職務を補佐するために、養育係を公式の役職とした。養育係の名称は、御側衆《おそばしゅう》または年寄衆《としよりしゅう》と呼ばれ、さらに貞享三年(一六八六)には議奏《ぎそう》と名付けられ、以後幕末まで存在する。延宝《えんぽう》七年(一六七九)からは年に四〇石の役料が幕府から支給されるようになる。

家綱政権による朝廷統制機構の整備は、老中から転じた京都所司代板倉重矩が中心になって進め、摂家(関白・三公)—武家伝奏—議奏の一〇名前後の公家による内側の統制ラインと、外側の京都所司代—町奉行—禁裏付—京都代官の武家による統制ラインが、二重に機能し、武家伝奏と京都所司代が密接に連携して体制を維持した。このシステムは幕末まで機能する。

3　宗教統制と寺社勢力の位置

宗教統制

家綱政権後半期における一連の政策の中で、宗教に関する制度化も図られた。寛文五年(一六六五)、仏教に関しては「諸宗寺院法度《しょしゅうじいんはっと》」を、神道に関しては「諸社禰宜《しょしゃねぎ》神主法度《かんぬしはっと》」を発布したが、これらは「寛文印知」の際に主だった寺院・神社に江戸城中で朱印状を与えるのに合わせて発布したものである。二つの法令を統一的に同時に発したところに、政権としての強い意思を窺わせる。

仏教に関する政策は、キリスト教と日蓮宗不受不施《ふじゅふせ》派《は》の禁圧政策と連動する。キリスト教の禁圧は、慶長一八年(一六一三)に幕府が禁教令を全国に布告して、信者に改宗を強制した。二代秀忠の代では、元和五年(一六一九)、京都賀茂河原で五二人が処刑された。また長崎では元和八年に五五人が処刑された(元和の大殉教)。全国的にも、寛永元年(一六二四)、秋田藩士でキリシタンの二一人とその家族一一人が火あぶりに処された。会津《あいづ》藩や米沢《よねざわ》藩でも処刑がなされ、九州島原《しまばら》藩主松倉重政《まつくらしげまさ》はキリシタン一六人を雲仙普賢岳《うんぜんふげんだけ》の火口に投げ込み、四か月後にさらに一〇人が投げ込まれた。寛永八年には尾張《おわり》藩で五七人のキリシタンが処刑された。このように全国で処刑がなされた上に、寛永一四〜一五年(一六三七〜三八)、島原《しまばら》・天草《あまくさ》の乱《らん》が起こった。一揆勢の中にキリシタンが多く含まれたことから、キリシタンの脅威が増幅されたが、これ以降三代家光は寛永一七年に宗門改役《しゅうもんあらためやく》を設置し、諸藩と協力しながらキリスト教の禁制強化が進められた(図2-8)。
キリスト教の禁圧は、島原・天草の乱で終焉したものではなかった。万治《まんじ》三年(一六六〇)に臼杵《うすき》藩で一一人のキリシタンが捕まったのを皮切りに、寛文八年(一六六八)に七三人、翌年に一九人が捕まった。岡山《おかやま》藩では寛文元年(一六六一)まで二七年間に六一人のキリシタンが捕まり、尾張藩では尾張《おわり》・美濃《みの》両国で寛文元～七年に一〇〇〇人以上のキリシタン処分がなされた。

図2-8　キリシタン殉教図．宣教師カルディンの報告による．『日本殉教精華』．

同じく禁止された日蓮宗不受不施派は、権力に従わない祖師日蓮以来の制法に従う一派であった。慶長元年(一五九六)、方広寺《ほうこうじ》大仏《だいぶつ》開眼《かいげん》千僧供養《せんそうくよう》の法会《ほうえ》に、日蓮宗妙覚寺《みょうかくじ》住持日奥《にちおう》は、日蓮門徒ではない豊臣秀吉に布施を受けても施してもいけないという「不受不施」の立場から法会に出仕せず抵抗した。秀吉死後の慶長四年(一五九九)、五大老徳川家康が仏法優位をあくまで主張する日奥を対馬《つしま》に流罪《るざい》にした。日蓮宗不受不施派禁圧はここから始まった。

寛永七年(一六三〇)、幕府は「身池対論《しんちたいろん》」と呼ばれる身延山久遠寺《みのぶさんくおんじ》(受不施)と池上本門寺《いけがみほんもんじ》(不受不施)の僧侶を対論させ、受不施を公認の宗義であるとし、不受不施を邪義として日奥をふたたび対馬に流罪とした。

寛文五年には将軍家綱の寛文印知により、一斉に寺領を与えられたが、駿河国興津《するがのくにおきつ》妙覚寺《みょうがくじ》や江戸雑司ヶ谷《ぞうしがや》妙法寺《みょうほうじ》などの日蓮宗不受不施派は、寺領を安堵されることは不受に反するとこれを拒否した。対して、安房国小湊誕生寺《あわのくにこみなとたんじょうじ》や江戸谷中感応寺《やなかかんのうじ》は、寺領が慈悲として与えられた田(悲田《ひでん》)と解釈して寺領を受けた。不受派は処分を受けたが悲田派は許された。

諸藩でも、岡山藩・水戸藩・尾張藩において日蓮宗不受不施派信徒に対する大きな弾圧がなされた(寛文の惣滅《そうめつ》)。そのため、これ以後は内信組織という非公然組織によって信仰を保つほかなくなった。信仰を潜伏させたまま江戸時代を乗り越え、明治九年(一八七六)に公認されるが、その時二〜三万人の信徒数が数えられた。

諸宗寺院法度

こうした幕初よりの一連の統制策の最終段階は家綱政権期に訪れた。この時期農村部では、一夫婦単位の小家族の自立が広範に展開していった。これら小家族農民と檀那寺《だんなでら》との間に新たな寺檀《じだん》関係が形成され、寺請《てらうけ》制度は浸透することになった。人びとの信仰が、幕府の禁止するキリスト教や日蓮宗不受不施派でないことを、幕府は寺請制度によって確認させるのだが、そもそも寺院僧侶をこの制度の基盤として統制を図る必要が求められた。寛文五年に「諸宗寺院法度」を発布して、全宗派の寺院・僧侶に統一した法度を命じたのである。それまで慶長期以降、一宗派ごとに寺院本山法度を与え、本山・本寺の地位を認めて配下の寺院統制を行なわせた結果、本末組織が各宗派で整ったところで、今度は全宗派共通の法度を命じた。

「諸宗寺院法度」は将軍家綱の朱印状による「定」九か条と、老中連署の「条々」五か条からなる。「定」では、第一条、諸宗の法式を乱さぬこと、第二条、一宗の法式を存ぜぬ僧侶を寺院僧侶にしてはならないこと、第三条、本末の規式を乱してはならないこと、第四条、檀家は何寺であろうともその心得に任すべきこと、また僧侶方は檀家をめぐって争ってはならないこと、などが下知《げち》された。

老中による「条々」では、次の五か条が命じられた。すなわち、第一条、僧侶の装束は分限に応じて着すように、檀家が望んでも仏事の儀式は軽くするように、第二条、檀家が建立した寺院の住職は、檀那の計を尊重すること、第三条、金銭で後住の契約をしてはならないこと、第四条、在家を借りて仏壇を構え利用してはならないこと、第五条、寺院坊舎に女人を抱え置いてはならないこと、ただし、すでに妻帯しているものは各別とする。

家綱政権は細かく寺院僧侶のあるべき姿を規定し、寺請制度の基盤を固めた。そのうえで寛文一一年(一六七一)、宗門人別改帳《しゅうもんにんべつあらためちょう》の制度を命じ、家単位の家族の人名・年齢・宗旨・檀那寺名の記録を一村単位で作成させた。寺院は戸籍係のような行政的な役割も果たすようになるのだが、この宗門人別改帳の制度を成り立たせる僧侶の宗派を超えた統制が後半期の家綱政権によって整備された。

神社神職の統制

寛文五年(一六六五)には家綱政権は同様に、神社神職に対しても統一的な法度を発布した。「諸社禰宜神主法度《しょしゃねぎかんぬしはっと》」五か条である。一村落に一社以上は存在したので、少なくも六〜七万以上を数えた全国の神社を、幕府が統制するにあたり、二通りの方式を用いた。

一つ目は、朱印地《しゅいんち》・黒印地《こくいんち》・除地《じょち》を領主が与えることで、再生産を維持させるとともに国家や領知の安全を祈願させ、農業の五穀豊穣を祈禱させた。寛文印知に際しては三六五神社に朱印状が与えられたが、神社の側からすれば朱印地や藩主からの黒印地を与えられることは、これに伴う格式が得られたものであり、神社にあるまじき行為は避けることにつながる。

二つ目の統制方式は、神社における神事執行の主体である神職を、身分制のもとに統制するものである。寛文五年のいわゆる「諸社禰宜神主法度」にはその方式が端的に示されている。

五か条のうち主な三か条は、以下のような内容であった。第一条、諸社の禰宜《ねぎ》・神主《かんぬし》などはもっぱら神祇道《じんぎどう》を学び、神体を崇敬し、神事祭礼を勤めること。神仏習合ではない唯一神道＝

吉田神道を前提とした。第二条、社家《しゃけ》が位階を受けるには、朝廷に執奏《しっそう》する公家(神社伝奏)が前々より存在する場合は、これまで通りとするが、それ以外の神社伝奏を持たなかった神社は公家の吉田家の執奏を受けること。第三条、無位の社人は白張《はくちょう》を着し、白張以外の装束を着けるときは吉田家の許状を受けること。

保科正之《ほしなまさゆき》や諸大名が重用した神道家吉川惟足《よしかわこれたり》が吉田神道を学んだことから、家綱政権は神祇管領長上職に吉田家を任じ、吉田家を通して全国の神職を統制しようと考えたのである。しかるに出雲大社《いずもたいしゃ》など地方の大社から、霊元天皇を巻き込んだ反発がなされた。吉田家は寛文八年、神社伝奏が前々から存在する二十二社のほかに、出雲・鹿島《かしま》・香取《かとり》・諏訪《すわ》・熱田《あつた》・日前《ひのくま》・熊《くま》野《の》・宇佐《うさ》・阿蘇《あそ》の各大社の神主・宮司《ぐうじ》の位階については、吉田家の執奏から除き、その他の諸国の社家の官位執奏は吉田家が行なうことの沙汰を幕府に願い出た。

しかし幕府は、延宝二年(一六七四)、「諸社禰宜神主法度」の第二条の解釈として、いかなる社家もその執奏は吉田家に限らず、他の公家に依頼してもよいとした。このような限定はついたものの、吉田家にとって「諸社禰宜神主法度」は、江戸幕府から与えられた大きな特権となり、同家は全国各地の神職たちを配下におさめ組織化していった。

村々の神社は、五穀豊穣を祈る春祭と収穫に感謝する秋祭を中心にして、村落共同体にとって不可欠の信仰と紐帯の場となった。神事を執行する神職が、多くは吉田家から一定の神道理論や儀式所作を学び神道裁許状を取得してその身分を保つ、という制度が、寛文五年の「諸社禰宜神主法度」の発布によって確立していったのである。

修験道・陰陽道　江戸時代に生きた人びとは、仏教・神道のみならず、修験道《しゅげんどう》・陰陽道《おんみょうどう》などの多様な宗教を信仰しており、幕府はこれらを禁止することはなかった。修験者＝山伏《やまぶし》は、霊山(山岳)で厳しい修行を重ね、霊験《れいげん》(人知の及ばぬ力)を修める。人びとは、病気を祈禱によって祓《はら》ってもらうが、その際、修験者は山中で得た薬草を合わせて用いることがあった。また地鎮などの祈禱も修験者に依頼した。

陰陽師《おんみょうじ》は各種の占いを行なった。人びとは事を起こすに最適な日どりを占ってもらい、家を建てるに際しては、大黒柱を中心に鬼門の方角などを配慮した家相図を作成してもらう。陰陽師は、運勢を占って姓名判断や印章・花押《かおう》作りも行なった。

修験者や陰陽師の多くは地域に定着して、周辺住民を檀家としたが、このほか時折一年に一〜二回の割合で地域を訪れる猿引きや万歳《まんざい》、盲僧なども住民にとっては必要な存在であった。猿引きは厩《うまや》の祓《はらい》＝馬の息災祈禱を行ない、盲僧は地神経《じしんきょう》を読んで地神を祀り、竈祓《かまどはらい》を行なった(図2-9)。万歳は、年頭に新春を寿《ことほ》ぎ、家内の繁栄を祈って巡回した。このほか芸能的活動

図2-9　猿引き．猿は馬の病気を治すと考えられていた．『江戸名所図屛風』．

をする宗教者である神事《しんじ》舞太夫《まいだゆう》や梓神子《あずさみこ》・太神楽《だいかぐら》なども巡回しながら活動した。このような多様な宗教者を、江戸時代の人びとは時に応じて使い分け、祈禱などを依頼したのであった。逆にいえば、多様な宗教者たちは、人びとを檀家としてその要請にこたえることで活計の途としていた。

　幕府は、多様な宗教者の存在を否定しなかったが、これらを集団として組織化し統制することは行なった。修験者の場合は寺院僧侶の組織化と共通して、幕初から本山・本寺にあたる天台宗聖護院《しょうごいん》門跡と真言宗醍醐寺《だいごじ》三宝院《さんぼういん》門跡に、それぞれ本山派と当山派の修験者を統制する権限を与えて本末編成をさせた。また、陰陽師の場合は、神社神職の吉田家による組織化と共通して、公家の土御《つちみ》門《かど》家を本所として諸国の陰陽師を組織化させる方式を、幕府はとった。いずれも集団・組織内の宗教者は、檀家から得られた収入を基に、本山や本所に貢納料などの上納金を果たし、身分と職分を確保することができた。本山や本所の免許のない宗教者＝集団外の者は、偽者として取締まられ活動が停止されるという制度であった。

第三章　新たな価値観の創出

1 「将軍権力」の演出

徳川綱吉政権

「犬公方《いぬくぼう》」という呼び名は、徳川綱吉《つなよし》が生類憐《しょうるいあわれ》みの令を発布し、とりわけ犬を保護したことから言われたのであろう。日本史の教科書で多年にわたって描かれてきた綱吉像とは、「一人息子に死なれ、跡継ぎに恵まれなかった徳川綱吉が、僧の隆光《りゅうこう》から「子どもがいないのは前世の殺生《せっしょう》の報いである。子どもが欲しければ生類憐みを心掛け、とくに戌《いぬ》年の生まれであるから犬を大事にするように」と言われ、この法令をだした」というもので、この隆光の引用部分は、儒者太宰春台《だざいしゅんだい》が記したとされる『三王外記《さんのうがいき》』にもとづく理解であると思われる。

春台は延享《えんきょう》四年(一七四七)に没しているのだが、それ以降、近年まで教科書叙述を通して各世代にその影響が及んできたのであろう。しかしそのような理由から治世の間二二年も生類憐みの令を出し続けたのであろうか。改めて、綱吉政権の政策を総合的に捉えて理解する必要があるのではないか。本章で明らかにしたい。

将軍綱吉(図3－1)は末期養子《まつごようし》で誕生した。延宝八年(一六八〇)五月、四代家綱は四十路《よそじ》の賀を前月に済ませたばかりで、病状の悪化により危篤に陥った。いまだ嗣子《しし》はなく、急遽弟の館《たて》林《ばやし》藩主徳川綱吉を猶子《ゆうし》にした。その翌々日(五月八日)、家綱はこの世を去った。綱吉に猶子が定められた時、老中のほか甲府藩主徳川綱豊《つなとよ》や御三家も側近くに座していた。

甲府藩主徳川綱豊の父綱重《つなしげ》は、四代家綱のすぐ下の弟であるが、二年前に三五歳で死んでおり、嫡子綱豊が相続したところであった。ちなみにその翌年、綱豊は左大臣近衛《このえ》基熙《もとひろ》の姫と結婚した。家綱の跡を継ぐには館林藩主徳川綱吉が最もふさわしい妥当な選択であった。この時大老酒井《さかい》忠清《ただきよ》が、将軍に有栖川宮幸仁《ありすがわのみやゆきひと》親王を擁立しようと画策したとの説が、後年流されたが、それは現実性の乏しい虚説であると言えよう。

図3-1　徳川綱吉像

政権の出発

綱吉政権の初期政治は、家綱死後二日で出された鳴物停止令《なりものちょうじれい》から始められた。鳴物停止・普請《ふしん》停止とは、貴人の死去に際して一定期間、歌舞音曲《かぶおんぎょく》や建物の普請などを停止させ、静謐《せいひつ》を維持させて全体が慎むことである。停止期間が長いほど死者の権威は高いものと社会全体に認識させる効果を持った。

延宝《えんぽう》八年(一六八〇)五月一〇日に江戸と京都で命じられた鳴物停止は四九日間と長く、普請停止は二一日間であった。普請停止は、歌舞音曲という娯楽とは異なり、大工などの生産活動に支障を来した。これまでの四代とは異なる直系以外からの将軍襲職であった綱吉政権の狙いは、前将軍の死に対する慎みを人びとに求めたほかに、四九日間も天下静謐を命じた幕府と新将軍の存在の重さを伝えるものであった。ちなみにその後、水戸光圀《みとみつくに》ら御三家は七日、戸田忠昌《とだただまさ》ら老中は三日、後水尾《ごみずのお》法皇は五日、後西院《ごさいいん》は三日と、幕府が考える物故者の権威の序列は、鳴物停止日数によって社会に伝わった。

綱吉は、権力機構の整備に着手した。それまで綱吉は、館林藩の藩政の中心を江戸神田橋際の神田御殿《かんだごてん》に置いていた。その神田御殿の家臣団のうち、士分以上は約五〇〇名を数えたが、これらを幕臣に編入した。しかし、その多くは権力中枢に入れず、家綱政権を支えた酒井忠清・稲葉正則《いなばまさのり》・大久保忠朝《おおくぼただとも》・土井利房《どいとしふさ》・堀田正俊《ほったまさとし》・板倉重道《いたくらしげみち》などの譜代大名たちが、依然として中枢にあって政治を担った。

例外としては、神田御殿の家老牧野成貞《まきのなりさだ》を御側《おそば》に、小姓組番頭柳沢保明《やなぎさわやすあき》(元禄一三年から吉保《よしやす》、図3-2)を小納戸《こなんど》に編入したが、彼らも幕政には参画できなかった。譜代大名の中では、時に五七歳の大老酒井忠清が「下馬将軍《げばしょうぐん》」と呼ばれ権勢を振るっていたが、家綱の葬儀と綱吉の将軍宣下の儀式を終えると、病気がちになった。一二月、将軍綱吉は酒井忠清の役儀を免じて養生するよう命じた。大手門前の上屋敷を返上した忠清は下屋敷に移り、翌年二月に隠居した。大手門前の屋敷は老中の中心に就いた堀田正俊が拝領した。

権勢を振るっていた大老を罷免《ひめん》し、さらに「越後騒動」を再審議して、将軍綱吉は自らの権力を誇示した。「越後騒動」とは、延宝七年(一六七九)に越後国高田藩において生じた家中騒動である。家老小栗美作《おぐりみまさか》の進める藩政改革に、反対派が対立し、争論は幕府に持ち込まれた。延宝七年一〇月、大老酒井忠清は反小栗派の五人を処罰した。これを将軍綱吉は延宝九年に再審議し、御前公事《ごぜんくじ》(将軍親裁)によって、無罪とされた家老小栗美作らに切腹を命じ、藩主松平光長《まつだいらみつなが》を改易した。

図 3-2　柳沢吉保像

松平光長は、徳川家康の次男結城秀康《ゆうきひでやす》の長男松平忠直《ただなお》と、二代徳川秀忠《ひでただ》四女勝姫《かつひめ》との間に生まれた、家門大名であった。前政権とは異なる判断を将軍親裁の形で示し、襲職間もない新将軍側から、将軍との主従関係に関心の集まっていた諸大名を牽制する圧力となった。とはいえ幕府という継続した権力が二年前に出した裁許を覆すには、過去の判断の誤りと責任を明らかにする必要がある。大老酒井忠清に「越後騒動」裁許の過誤の責任を負わせた上に、有栖川宮将軍擁立画策の嫌疑も撒かれ、新政権の正統性を高める効果を狙ったと思われる。その後、裁許に力のあった堀田正俊を大老に任じ、牧野成貞を側用《そばよう》人《にん》に登用する。

初期の政策

綱吉はまず農政をただすことを命じ、幕府の財政基盤となる幕領支配の代官たちの刷新を図った。それは近年幕領の百姓が疲弊しているのは、支配代官が仁政を施さないところに原因があるとの認識にもとづく。延宝八年(一六八〇)、堀田正俊は代官の服務規程七か条を布達した。

一条目は、民は国の本であるから代官の面々は常に民の辛苦をよく察し、飢寒などの愁いのないように申し付けること。四条目で、代官は手代に任すことなく自らが農業を詳しく知って年貢などの事を勤めるように命じ、こうすれば手代が私腹を肥やすことは末々までなくなる、とした。五条目では、代官や手代は支配所の民を私用に使わず、金銀米銭貸付を行なってはならないと命じた。六条目で河川の堤防普請などの管理責任を果たすこと、七条目で、年貢の取り立てに未進《みしん》(未納)がある状態で次の代官に引き継ぐことがないように命じた。いずれも百姓を支配していく上で至極当然の事柄であった。

翌年、勘定所はすべての幕領代官の年貢未進の調査を行なった。その上で、幕府は不正代官の処分を厳正に行なった。綱吉政権期の二九年間で、斬罪を含む厳罰に処せられた代官は合計三四名に上るが、このうち二六名(七六%)が天和《てんな》元年(一六八一)から元禄二年(一六八九)までの政権前期に集中している。かつての研究では、綱吉政権初期の政治は「天和の治」とプラス評価されたことがあるが、封建体制下にあって上級の領主が中間搾取を否定するのは当然の支配論理と言うべきであろう。

これら処分された代官の中には、幕初から世襲的に恣意的な地域支配を行なってきた者がいる。幕府は初期に地域支配を進める上で、中世以来の在地の勢力と妥協したことがあった。その残滓《ざんし》をいま淘汰したもので、幕府権力の安定と勘定機構の整備のために、妥協の余地のない不正代官の処分であった。

それとともに考えなくてはならないのが、いわゆる代表越訴型の農民闘争(天和元年〔一六八一〕の上野国磔茂左衛門《はりつけもざえもん》一揆や貞享三年〔一六八六〕の信濃国多田嘉助《ただかすけ》騒動など)に見られるように、村落構成の中心である小農民(小前百姓《こまえひゃくしょう》)が、一丸となって領主・代官の不正を紏《ただ》し幕府に訴えるといった闘争も、幕府農政の背景に存在したという真実である。

三藩の乱

一六六二年(永暦一八・寛文二)に南明政権の桂王が明の武将呉三桂に殺され、明朝は滅亡し、台湾を拠点にした鄭成功も没したことで、清朝の覇権は安定したと家綱政権期のところで述べた。しかるに、桂王を滅ぼした呉三桂らかつての明の武将たちが、清朝から勲功として与えられていた中国大陸南部の雲南(平西藩)・広東(平南藩)・福建(靖南藩)の三藩において一六七三年(康熙一二・延宝元)に反乱を起こした。しかも台湾を支配し続け、抗清の姿勢を崩さなかった鄭氏(鄭成功の嗣子)が呉三桂らと共闘したこともあって、清朝は康熙帝《こうきてい》をもって滅亡かという状況に陥った。

清朝と三藩との戦いはおよそ一〇年間に及んだ。中国南部での戦況は、長崎の中国商人・唐通事を通し長崎奉行から幕府につぶさに伝えられた。北京に集まった戦況は朝鮮や琉球を通して対馬藩の宗氏や薩摩藩の島津氏から幕府に伝えられた。オランダ商館長は毎年の江戸参府に際して戦況を伝えた。

各ルートからの情報収集に努めていた幕府は、やがて一六八一年、清朝軍が大攻勢をかけて雲南省を制圧し、八三年には台湾も攻略して鄭氏を滅亡させたことを知る。これらの情報を得て幕府は、改めて東アジアの平和と安定を確信することになった。一六八三年は、日本年号で天和三年のことであった。

2　価値観の転換

忠孝・礼儀

天和三年(一六八三)七月、将軍綱吉は代始めの「武家諸法度」を発布した。第一条は最も重要な箇条であるが、これを「一、文武忠孝を励まし、礼義を正すべきこと」とした。前代までの第一条が「一、文武弓馬の道、もっぱら相嗜《あいたしな》むべきこと」であったものを、初めて大きく改めた(図3-3)。武家にとって第一に重要なことは、弓馬の道にとって代わって忠孝と礼儀になったのである。主君に真心をもって仕える忠義、父祖によく仕える孝、合わせて礼儀を正すことを第一に命じ、上下の秩序維持が第一に重要とされたのである。

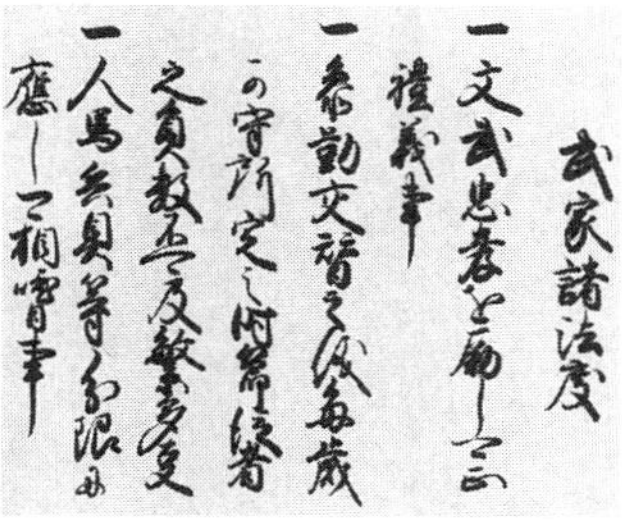
図3-3　「天和武家諸法度」

一〇年続いた中国大陸での三藩の乱の終焉は、東アジアの安定をもたらし、国内的にも不安定要素がない状況で、ことさら軍事的緊張を高めて将軍の軍事指揮権を発動し、大名たちに軍役を課して将軍の絶対性を示すような、権力編成の方式は客観的にふさわしくない状況になった。綱吉政権は、泰平の世にふさわしい諸大名を従わせる新たな編成の論理を必要とした。すなわち武威を後退させ、忠孝・礼儀を通した上下の身分秩序維持による主従制の安定を図ることを目指したのである。四代家綱まで行なわれてきた将軍の日光社参を五代綱吉が行なわなかったことの大きな理由は、軍事演習の意味を持つ社参を中止し、武威を後退させるところにあった。

武威から学問文化重視へ

「武家諸法度」第一条という施政方針の大きな転換を具体的に推進するために、第一に、綱吉政権は武道と対照的な儒学・仏教・神道・天文暦学・歌学・絵画などの学問・文化を重視する姿勢を示した。儒学では、林鳳岡《ほうこう》(信篤《のぶあつ》)を初代の大学頭《だいがくのかみ》に任じ、幕府機構の中に制度化した。元禄四年(一六九一)には湯島《ゆしま》に聖堂を建立し、上野忍ケ岡《しのぶがおか》にあった林家《りんけ》の家塾と孔子廟を移転させ、以後林家は代々大学頭を世襲した。家塾は昌平黌《しょうへいこう》と名付けられた。

仏教では、新義真言宗の僧侶亮賢《りょうけん》と隆光《りゅうこう》の師弟に帰依した綱吉は、二人を護持僧にして将軍の安全祈禱を行なわせるとともに、格別壮大な堂宇を建立させた。延宝九年(一六八一)、亮賢に護国寺の創建を命じ、貞享五年(一六八八)、隆光には知足院《ちそくいん》(のち護持院《ごじいん》と改称)の創建を命じ、それぞれ幕府と大名の手伝普請《てつだいぶしん》によって完成した。知足院の棟札には、国家の安泰と武運長久、あわせて将軍綱吉の身軀の堅固と長保の祈願文が記されていた。また伝統的な国家の官寺である東大寺の大仏殿再建や法隆寺諸堂の修復を行なった。その他の寺院・神社一〇六か所の造営・修復も行なった。

神道については、天和二年(一六八二)、吉川惟足《よしかわこれたり》を神道方に任じ幕府機構の中に制度化した。吉田神道の萩原兼従《はぎわらかねより》(吉田家次男)の弟子で唯一神道の道統継承者である吉川惟足を重用し、「諸社禰宜神主法度」を発布した前代家綱政権の吉田家中心の神道政策を、さらに推進させる姿勢を示した。

天文暦学では、将軍綱吉は渋川春海《しぶかわはるみ》に改暦を命じた。囲碁の家である安井算哲《やすいさんてつ》の二世でもある春海は、京都の陰陽道を家職にする土御門家に赴き、土御門泰福《つちみかどやすとみ》や家司《けいし》たちと観測を行ない、土御門は霊元天皇に改暦を上奏した。こうして作成された「貞享暦」を幕府も貞享元年(一六八四)に採用し、渋川春海を初代幕府天文方に任じた。この間天和三年(一六八三)には、諸国陰陽道支配を土御門家に命じた霊元天皇綸旨《りんじ》を、将軍綱吉は朱印状によって認めている。

和歌の研究をする歌学についても、綱吉政権は元禄二年(一六八九)に京都で活動している北村季吟《きぎん》・湖春《こしゅん》の父子を招き、歌学方に任じた。これまでの幕府機構にはなかった歌学方を設け、和歌や古典研究を行なわせた。また京都からは、絵所預《えどころあずかり》土佐家の門人住吉具慶《すみよしぐけい》を江戸に召し出し十人扶持を与えた。それまで狩野《かのう》家が幕府絵師として仕えていたが、加えて住吉家を登用し、土佐家とのパイプを保たせた。こうした学問や文化を重視する将軍綱吉の姿勢を印象づけながら、武威の後退を浸透させていった。

綱吉政権による、価値観の転換を進めるための二つ目の政策は、新たな時代の価値観に抵抗する勢力を抑制することであった。そのためにまずは力の弾圧を加える方式をとった。戦国の遺風を墨守する勢力に対し、前代の家綱政権は殉死の禁止を厳命し、主人の死後に追い腹を切るのではなく主人の家に代々奉公することを命じ、戦国の遺風の一つを否定した。

かぶき者の終焉

しかし、死を恐れず戦場で武功を挙げて上昇を図ることを望んでいた旗本・御家人や牢人たちの中には、平和と安定の泰平の世に可能性が絶たれたにもかかわらず、依然として旧来の価値観を転換できず、平和な社会秩序に抗していたずらに乱暴を働き、満たされぬ思いを社会にぶつけて解消しようとした「かぶき者」と呼ばれる者たちがいた。長い刀を差し、大髭などの目立つ風体をとり、「衆道《しゅどう》」と呼ばれる男色に耽《ふけ》り、時には辻斬りや人の飼い犬を切り殺すという残虐行為や人の嫌がる行為を重ねて、身動きの取れない閉塞感の中で、刹那《せつな》的な行動をとって社会秩序に抵抗する者たちであった(図3-4)。

家綱政権では、慶安五年(一六五二)から六年間にわたり「かぶき者」の検挙を行なったが、綱吉政権では天和三年(一六八三)から検挙に乗り出した。特に貞享三年(一六八六)には「大《だい》小神祇組《しょうじんぎぐみ》」と呼ばれた「かぶき者」である旗本奴《はたもとやっこ》(無頼な旗本)を、江戸小石川の勧進能《かんじんのう》で騒ぎを起こしたのをきっかけに二〇〇余名を逮捕した。逮捕者の中には与力《よりき》・同心《どうしん》や御家人の子弟が多く含まれていた。幕府は、首領格の一一人を打ち首にし、見せしめとした。引き続く貞享・元禄期の二〇年余りに幕府は三〇〇件に上る幕臣の処罰を繰り返したが、そのうち過半は「かぶき者」と見なせる素行不良や勤務不良、さらには争い事が処罰理由とされたものである。

図3-4　かぶき者．長煙管は当時の流行の最先端だったろう．舟木本『洛中洛外図屛風』．

また旗本奴に対抗するかのように、幡随院長兵衛《ばんずいいんちょうべえ》のような町人の「かぶき者」を町奴《まちやっこ》と呼んだが、幕府は町奴対策として、町人の帯刀禁止を天和三年、たとえ火事や旅立ちであろうとも一切禁止とした。

生類憐みの令

泰平の世にふさわしい価値観に転換させるための三つ目の方策として、綱吉政権は生類憐《しょうるいあわれ》みの令《れい》と服忌令《ぶっきれい》の表裏一体となる政策を打ち出した。これは武士から庶民

図3-5　捨て子．町役人が捨て子を見つけたところ．鳥居清経『金父母』安永6年(1777)刊．

に至る人びとの価値観の転換をもたらすことになった。

生類憐みの令は、貞享二年(一六八五)頃から次々に発せられ、犬に限らず獣・鳥類・魚類などに至るまで、生類全般の殺生を個々に五十数回禁じた法令の総称であった。たとえば、犬の喧嘩を見たら水を掛けて引き分けさせ怪我をさせないようにという内容の法令がある。貞享四年三月二一日、犬が食いあっているところを、角右衛門《かくえもん》という者が脇差を抜いて追いかけて犬を切り、処罰を恐れて欠落《かけおち》をしたことから捕えられ、四月一〇日八丈島へ流罪となった事例(『御仕置裁許帳《おしおきさいきょちょう》』)のように、実刑を伴った。

生類の対象は捨て子・捨て病人・行き倒れ人・道中旅行者の病気保護など、弱者も含まれた。貞享四年四月幕府は、捨て子が見つかった時、すぐに届けて自分の町や家と無関係であることを主張するのではなく、まず捨て子が死なないようにいたわり、自分で養育するか、養育を望む者を探すかを、第一に考えろと命じた(図3-5)。また「犬ばかりに限らず惣《すべ》て生類、人々慈悲の心を本といたし、憐み候儀肝要事」(『御当家令条』)と命じている。

生類憐みの令は、慈悲の心をもって憐みを持ち、情けの心を抱いて殺生を禁じ、生あるものを放つ、仏教の放生《ほうじょう》の思想に基づくものであった。しかし江戸の四谷・大久保・中野に作られた犬小屋(図3-6)に収容された犬たちの飼料を負担させられた関東の農民や江戸の町人たちは、動物愛護の行き過ぎに大いに迷惑をしていたことも事実であろう。元禄八年(一六九五)の段階で、二万五〇〇〇坪の大久保の犬小屋と、一六万坪の中野の犬小屋には、四万二〇〇〇匹の野犬が収容されていた。この飼料代を負担させられた多くの人びとには迷惑な悪法と思われたであろう。しかし、野犬が収容されたことで、野犬が捨て子を襲うような殺伐とした光景が社会から消えたことにも注目する必要がある。

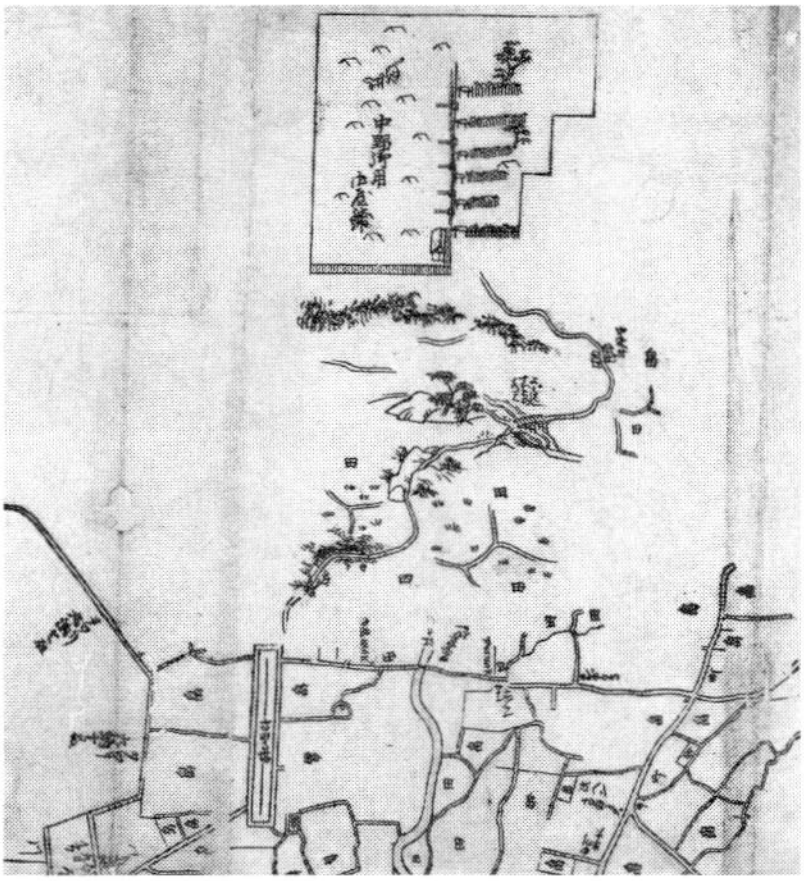

図3-6　中野犬小屋図．敷地内に犬小屋(25坪)が290棟あった．『元禄九年江戸図』．

二〇年以上にわたって生類憐みの令が出されたことで、武家奉公人が犬食いをする姿や、「かぶき者」がよその飼い犬を切り殺すような状況を江戸市中から無くさせ、泰平で情けのある社会を到来させた。同時に、戦場において敵の将兵を殺傷する行為に価値を置く、武威の論理と対極の価値観が社会に浸透することになった。

服忌令

服忌《ぶっき》令《れい》もまた、生類憐みの令と表裏の関係ながら一体となって、社会の価値観を転換させた。生類憐みの令が仏教の思想に基づくのに対して、服忌令は神祇道と密接に結びつくもので、死や血を排除する思想に基づいている。近親者に死者があった場合、神事・慶事を行なわず喪に服す服喪《ふくも》期間と、近親者の死によって発生した自分自身の穢れがなくなるまで自宅謹慎している忌引《きび》きの期間を、こと細かく規定したのが服忌令である。現在も、喪中葉書きを年末に差し出して新年の祝賀を避けるのはこの制度に由来する。また葬式を自宅で行なう際に、遺体が室内にあることを示すために玄関など入口に忌中札《きちゅうふだ》を張り出すのは、この中に死の穢れがあることを知らせる習慣による。

服忌令は、綱吉政権が貞享元年(一六八四)に発布したのが、江戸時代で初めてのことであった。その後綱吉政権下で五回の追加補充がなされ(図3-7)、さらに八代将軍吉宗《よしむね》政権下で元《げん》文《ぶん》元年(一七三六)に改定されたものが明治維新まで続けられた。綱吉政権が五回も追加補充を行なったのは、より整った制度作りに向けた政権の意欲と読み取ることができるが、それのみならず法令の運用にあたって数多くの質問がなされ、その回答のために補充が必要になったのである。

たとえば、父母が死んだ場合には、忌が五〇日間、服が一三か月と規定された。つまり五〇日間の出仕停止と一三か月間慶事・神事は遠慮となる。ところで、父が死去のあと母が他家へ嫁してその後に死去した場合は、何日間の服忌か、との問い合わせがあり、幕府は元禄元年(一六八八)の追加令で、この場合は実母の死去と同じ服忌の扱いを命じた。このような多様な事例に対する回答の必要が、五回もの追加補充となった。

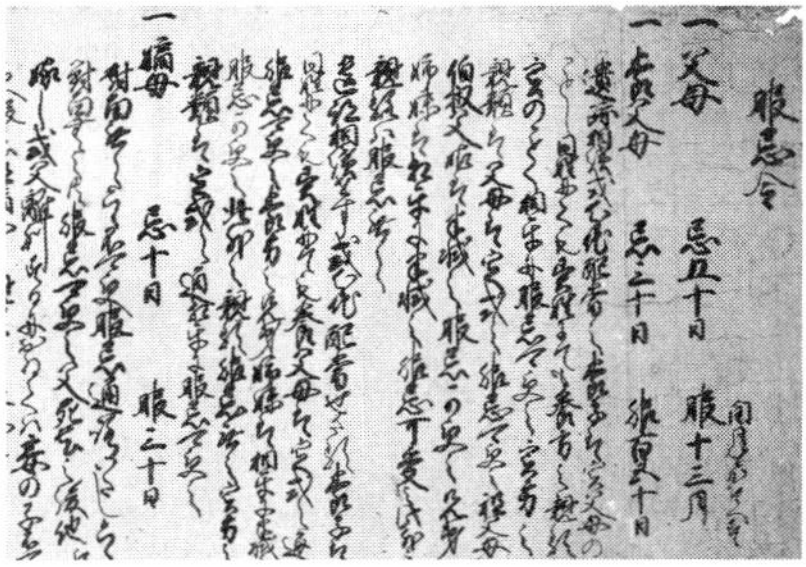
服忌令
一 父母　忌五十日　服十三月
一 嫡母　忌十日　服三十日

図 3-7　服忌令

服忌令はまた、血の穢れを排する規定も含んでいた。特に儀礼に際しての規定は厳格で、正月の社参や上野・紅葉山・増上寺などへの将軍参詣に供奉《ぐぶ》する武家たちは、服忌の者はもちろん供奉できないが、灸《きゅう》や鍼《はり》を打って身体を傷つけた血の穢れがある場合は行水《ぎょうずい》することで供奉は可能とする(元禄元年服忌令)、という規定の細かさであった。

元禄一四年(一七〇一)三月一四日、東山《ひがしやま》天皇の勅使と霊元上

皇の院使を迎え、江戸城白書院で将軍綱吉に面謁《めんえつ》する直前、将軍は行水をして潔斎《けっさい》のさなか、勅使接待の馳走役を命じられていた赤穂《あこう》城主浅野《あさの》内匠頭長矩《たくみのかみながのり》(三五歳)が、高家の吉良上野介義央《きらこうずけのすけよしひさ》(六二歳)に小刀を振るって刃傷に及んだ。吉良の額と右肩は、小刀を受け、逃げまどった跡には、松の廊下から桜の間にかけて、畳一面に吉良の血が散ったという。

取り押さえられた浅野長矩は愛宕下《あたごした》の一関《いちのせき》藩邸に預けられ、幕府により即日切腹が命じられ、さらに浅野家は断絶に処せられた。勅使を饗応《きょうおう》する江戸城内での儀式の場を、大量の鮮血で穢したことは、綱吉政権の服忌政策重視の上からも、許し難い事件であり、重い処分となったのであろう。

服忌令は、武士はもちろん農村部や大工・人足などの職人に至るまで、広く社会に浸透していった。普請現場においても服忌への強い配慮が見られた。前述した僧隆光の知足院(護持院)の建立にあたり、元禄元年(一六八八)、人足手伝普請を命じられた明石《あかし》藩松平若狭守直明《まつだいらわかさのかみなおあきら》の家老で普請の総奉行を勤めた三人は、幕府側の責任者大久保佐渡守忠高《おおくぼさどのかみただたか》の配下の責任者二人から、「人足の忌服相改《あいあらた》め申すべく候」と命じられた。藩側は、人足を請け負う日雇頭《ひようがしら》に命じて、人足の服忌の有無の吟味を行なわせ証文をとった。膨大な数に上る普請人足の、一人ひとりに至るまでの服忌の有無に、関心が向けられていたことが分かる。

穢れ意識

死を忌み嫌い、血の穢れを排する服忌の制度は、もともと武士の世界に存在したものではなかった。古代以来、朝廷や神社における観念や習俗として存在してきたものである。著名な歌人として知られる室町時代の公卿三条西実隆《さんじょうにしさねたか》は、永正《えいしょう》二年(一五〇五)一一月六日の日記(『実隆公記』)に、家内に死人が出ると家が穢れるとの考えから、同家に永年仕えてきた梅枝という名前の下女が急な中風の発作で余命いくばくもないとみるや、寒風甚《はなは》だしい夜半に、今出川《いまでがわ》辺に下女を出したと記している。

江戸時代に入っても、朝廷とその周辺では死の穢れを忌避している。明暦《めいれき》二年(一六五六)三月、仙洞御所《せんとうごしょ》の雪隠《せっちん》に下女の流産した子が発見されたため、仙洞御所は地穢れ三〇日となった。その際、隣接する禁裏御所《きんりごしょ》にも穢れが及ぶかどうかが問題となり、神祇道を家業(家職)とする白川家と吉田家に問い合わせを行ない、禁中・新院御所・女院御所のいずれも穢れの無い清の状態であると回答された。死や血の穢れの対極に神・聖・浄・清の観念が存在する。禁裏や神社をその中心に据える考え方だ。朝廷で神事を行なう時、たとえば大嘗祭の際に「僧尼および穢れの輩《ともがら》」が神域に入ることの制止を、高札や触れを出して命じるのはそのためである。

このような穢れを排する考え方を制度化した服忌令は、応永《おうえい》一〇年(一四〇三)に京都の御霊《ごりょう》神社が「御霊社服忌令」を出したように、神社によって発せられたことはあったが、いま江戸時代の綱吉政権が、武家の社会に制度化したのである。戦国時代以来、敵の将兵を殺すことが価値であり、仕えた主人の死後に追い腹を切ることが美徳とされた武士の論理は、死や血の穢れとともに排された。武家の儀礼や勤仕の中に、朝廷から伝わった服忌の観念が徹底された。繰り返すが、弓馬の道＝武道ではなく、服忌をわきまえ儀礼を滞りなく進められる能力や、学問・文化の能力が強く求められるようになったのである。

ところで、綱吉政権による武威の後退を徹底させた、生類憐みの令と服忌令の表裏一体となった、殺生禁断と死や血を穢れとして排する観念の社会への浸透は、死んだ牛馬を片付け皮革加工する皮多《かわた》・長吏《ちょうり》や、町や濠の浮き物(動物の死骸)などを片付け清めに従事する非人の仕事を、以前にもまして社会に必要不可欠な存在とさせた。であるにもかかわらず、死んだ牛馬を処理する皮多・長吏に対し、穢れ多いという意味の「穢多」の呼称を用いるような賤視と、清めの役割を担う非人を遠ざける、誤った意識を社会に広く浸透させることにもなった。綱吉政権の政策が及ぼした結果ではあるが、あくまでもこれは、現在につながる人びとの意識の問題である。

3　儀礼と朝廷

朝廷復古

江戸時代の朝廷は、天皇から堂上公家《とうしょうくげ》・地下官人《じげかんじん》に至るまで一体となって幕府と対抗する関係にあったと、戦前から長らく考えられてきた。しかし実態はそうではなかった。幕府による朝廷統制策を受け入れ、この時代の体制を維持しようとする、摂家や武家伝奏などの立場が一方に存在し、他方、「朝廷復古」を目指し、幕府の統制下に置かれることを、いさぎよしとしない立場が存在した。綱吉政権期は、両方の立場が鮮明になった時期として捉えることができる。両者を代表するのが、「朝廷復古」を目指す霊元天皇その人であり、かたや朝廷統制策を容認し朝幕協調を図ろうとするのが摂家近衛基熙《このえもとひろ》であった。

延宝八年(一六八〇)は、朝幕関係にとって変化の年であった。五月に四代家綱が死去し、八月には後水尾院が八五歳の生涯を閉じた。父である後水尾院の死は、二七歳になっていた霊元天皇からすれば、重石が取れた状態となった。花見の宴で沈酔したように、天皇の奔放な振舞いは後水尾院らには危ういものと見えていたが、そのしばりが失われた。

霊元天皇が頂点に立つこの当時の朝廷は、関白に鷹司房輔《たかつかさふさすけ》、左大臣近衛基熙、右大臣一条兼《かね》輝《てる》(冬経《ふゆつね》)らで構成されていた。この頃の朝廷の有様を、近衛基熙は伊達綱村《だてつなむら》宛ての書状(『大日本古文書』家わけ第三伊達家文書)でこう訴えている。

関白・三大臣が列座しての相談ごとで、関白が下知《げち》して決まることが稀になっている。そのうえ関白・三大臣が一向に領承していないことも、霊元天皇の叡慮《えいりょ》であるという理由や武威(幕府の威光)を軽んずるという理由で、治定《じじょう》することが度々に及ぶ。これでは関白の職はあってなきがごとき状態である、と嘆いている。

近衛が言う自らの立場とは、「官位・封禄は公武の御恩」、すなわち官位叙任は朝廷から、家領は将軍からの御恩であり、「朝廷の御為《おんため》の事はもちろん、大樹《たいじゅ》(将軍)様御為」を考えるものだという。つまり幕府の朝廷統制の枠組みの中で朝廷の為を考えるということになる。

天皇は、難波《なんば》・東園《ひがしぞの》など近習《きんじゅ》をつとめた近臣たちを特別に近づけ、取次《とりつぎ》とした。また意中の花山院《かざんいん》・千種《ちぐさ》の両武家伝奏を用いて「朝廷復古」を目指した。天和二年(一六八二)、鷹司房輔が関白を辞官すると、霊元天皇は自分に批判的な左大臣近衛基熙を忌避し、右大臣一条兼輝を関白に任じた。左大臣を越官して右大臣が関白になった事例は、江戸時代を通してこの一例である。いかに異例のことであったかが判る。

天和三年、前述したように土御門家に諸国陰陽道支配の霊元天皇綸旨が出され、これを将軍綱吉が朱印状をもって認めた際、関白一条兼輝は「朝廷再興旧慣に復す、もっとも珎重々々」（『兼輝公記』）と記し慶びを隠そうとしない。「朝廷再興」あるいは「朝廷復古」という時の「朝廷」は、平安時代以来、鎌倉・室町時代を経て、応仁の乱（一四六七年）まで続いた「朝廷」を念頭に置いたものであろう。応仁の乱から戦国時代・天下統一戦争期に中絶した朝廷儀式などをそれ以前に復すことが「朝廷復古」のスローガンのもとに求められた。その中でももっとも望まれたのが、天皇即位に欠くことのできない儀式である大嘗祭の再興であった。

大嘗祭の再興

大嘗祭とは天皇即位の儀式の一つで、即位の年の四月、悠紀国《ゆきのくに》・主基国《すきのくに》の国郡卜《ぼく》定《じょう》が行なわれ、八月に大祓《おおはらえ》、九月には悠紀・主基両国の神田《しんでん》において新穀の穂を抜く儀式を行なう。一〇月には、天皇は潔斎のために禊行幸《みそぎぎょうこう》を賀茂川に行なう。一一月上旬に大嘗宮（悠紀殿・主基殿）を設営し、一一月卯の日、夜半から翌朝にかけて大嘗祭の秘儀が執り行なわれる。その後豊明節会《とよのあかりのせちえ》が行なわれるもので、この間七か月にわたる儀式であった。この大嘗祭を中心にした、前後七か月の一連の儀式全体を大嘗会《だいじょうえ》と呼ぶ。

室町時代の文正元年（一四六六）、後土御門天皇が大嘗祭を挙行した後、表3-1のように後《ご》柏原《かしわばら》天皇から霊元天皇まで九代の天皇は大嘗祭を挙行していない。この間、二二一年断絶していたことになる。応仁の乱以降、戦乱の続いた時期は朝廷儀式ができなかったとしても、大

表3-1　大嘗会の有無（15〜19世紀）

天皇	践祚・受禅	大嘗会
後土御門	1464（寛正5）	1466（文正元）
後柏原	1500（明応9）	無
後奈良	1526（大永6）	無
正親町	1557（弘治3）	無
後陽成	1586（天正14）	無
後水尾	1611（慶長16）	無
明正	1629（寛永6）	無
後光明	1643（寛永20）	無
後西	1654（承応3）	無
霊元	1663（寛文3）	無
東山	1687（貞享4）	1687（貞享4）
中御門	1709（宝永6）	無
桜町	1735（享保20）	1738（元文3）
桃園	1747（延享4）	1748（寛延元）
後桜町	1762（宝暦12）	1764（明和元）
後桃園	1770（明和7）	1771（明和8）
光格	1779（安永8）	1787（天明7）
仁孝	1817（文化14）	1818（文政元）
孝明	1846（弘化3）	1848（嘉永元）
明治	1867（慶応3）	1871（明治4）

坂の陣（元和元年〔一六一五〕）を終えて以後に即位した明正《めいしょう》・後光明《ごこうみょう》・後西《ごさい》・霊元の四代の天皇は、儀式が可能な状況になっていたであろうが、幕府も朝廷も大嘗祭を挙行しようとはしなかった。

霊元天皇は貞享三年（一六八六）、自ら譲位し東宮（皇太子）の即位（東山《ひがしやま》天皇）に際して大嘗祭を挙行することを、幕府に要請した。幕府は禊行幸を含むこの儀式を認めない回答を伝えた。天皇が賀茂川河畔に行幸して潔斎する大嘗祭当日以前の荘重かつ盛大な儀式である禊行幸は、行幸禁止の方針を貫いている幕府に認められるものではなかった。霊元天皇は、禊行幸を断念する条件で、再び幕府に要請した。左大臣近衛基熙は禊行幸の無い大嘗祭は「稀代の珍事」と批判し反対している。

費用の問題も交渉で解決し、貞享四年、東山天皇即位の大嘗祭が二二一年ぶりに再興された

（図3－8）。霊元天皇の「朝廷復古」を目指す強い意識が、幕府の堅い扉をこじ開けたように見える。幕府の側からすれば、これを拒むことはできたのだが、容認したところに綱吉政権の儀礼重視の政策転換を読み取ることができる。武威を後退させる代わりに、身分や家の序列を重視することで将軍権威の絶対化を図る幕府は、従来の天皇・朝廷の権威を封じ込めるのではなく、朝廷儀礼などを復興させる方針に転換した。朝幕双方の条件が、二二一年ぶりの大嘗祭の再興につながったと理解することが可能である。

図3-8　東山天皇即位時の大嘗祭．「貞享四年大嘗会図」．

朝幕協調

綱吉政権は、朝廷統制機構を再度固めた上で、朝廷権威を幕府に協調させる方策をとる。霊元上皇は、東山天皇が一九歳になる元禄六年（一六九三）まで六年間、院政を執った。この間上皇は、天皇の後ろ盾になって補佐するというよりは、院参衆に近臣たちを集め実質的な政治を志向し、禁裏の東山天皇や近衛基熙と対立した。

綱吉政権は貞享三年（一六八六）、霊元院の手足になっていた前武家伝奏花山院《かざんいん》定誠《さだのぶ》の参内《さんだい》を止めさせ禁裏から引き離し、朝廷の運営を本来の朝廷統制機構である関白・武家伝奏・議奏によって諸事相談するよう、老中奉書で迫った。元禄三年(一六九〇)一月、関白は一条兼輝に代わって近衛基熙が任官された。近衛は日記(『基熙公記』)に「関白辞退の事、仙洞(霊元院)には不快の御内意か」と記し、一条の辞退に武家からの強い内意が加わり、仙洞には不快であっても、そうしなければ幕府が不快になろうとも記し、この間の事情を明かしている。

こうして霊元院政は幕府によって挫折させられ、代わって朝廷の御為はもちろん将軍の御為を念じる、近衛基熙を中心にした朝廷運営が行なわれる。朝幕間の協調は、まず武家伝奏補任《ぶにん》の方式に現れた。平井誠二氏によれば、慶長期から貞享期(一六〇三〜八四年)までの武家伝奏は、先に幕府が人選した上で朝廷が決定する方式であったが、元禄五年(一六九二)の持明院基時《とき》から幕末までは、朝廷が人選し幕府に了解をとった上で補任する方式に変化した。幕府は、朝廷統制の要である武家伝奏の人選を任せるほど、朝廷に信頼を寄せたことになる。

朝幕協調はほかの面でも見られた。これより先、延宝七年(一六七九)八月一五日に勅使の派遣される石清水八幡宮《いわしみずはちまんぐう》の放生会《ほうじょうえ》が二一四年ぶりに再興された。男山頂上の八幡宮から神輿《みこし》が下り、麓《ふもと》の仮屋《かりや》に神体が渡御《とぎょ》し放生川に魚や鳥を放つ儀式で、以後今日まで続いている。また元禄七年(一六九四)には、賀茂社の葵祭《あおいまつり》も再興された。応仁の乱以来の混乱のため、文亀《ぶんき》二年(一五〇二)を最後に中絶した葵祭は、一九二年ぶりに朝廷から葵のかずらを身に付けた勅使が派遣された。幕府から寄進された祭田《さいでん》を基金にして、以後、毎年旧暦四月酉《とり》の日に行なわれ続ける。そのほかの賀茂社年中行事も再興されたが、朝廷から幕府への働きかけが背景にあった。

山陵の修理も幕府主導で実施された。戦国期に荒廃した山陵(天皇陵)を調査し、山陵の周囲に竹垣を巡らして管理することを、元禄一〇年(一六九七)に幕府は命じた。それから二年間にわたって、七六の陵墓の確認を行ない、六六か所に竹垣などを巡らした。一例を挙げれば、元禄一〇年、大坂町奉行所は与力・大工・絵師など三一名を派遣し、雄略天皇陵と目される高鷲丸山《たかわしまるやま》古墳の調査に入り、竹垣を巡らして「雄略天皇陵」との認識をさせ、以後立ち入りを禁止した(図3-9)。ただし、古墳を取り巻く濠は、村の農業用水として利用され、丸山に生い茂った草は肥料として村人に利用されてきたが、竹垣が設けられた後も、村人は以前同様に丸山の山頭に上って草を刈っていたことが記されている。

図3-9 雄略天皇陵図. 細井広沢編纂『諸陵周垣成就記』.

4　貨幣改鋳と富士山噴火

全国統治

貞享元年(一六八四)八月、綱吉政権においてそれまで譜代大名を取りまとめ、大老として政策を担当してきた堀田正俊が、若年寄稲葉《いなば》正休《まさやす》によって、江戸城本丸御用部屋近くで刺殺された。堀田の権勢強く、刺殺理由が私怨《しえん》であろうとも稲葉に同情する者があったという。以後、綱吉は側用人牧野《まきの》成貞《なりさだ》を重用し、さらに元禄元年(一六八八)に柳沢保明(吉保)を側用人に加えて側近政治を行ない、譜代《ふだい》門閥《もんばつ》大名層による老中合議制を形骸化させた。綱吉政権は、将軍個人の判断が側用人を通して政策に反映される比重を高めることになった。

前政権同様、綱吉政権も天和元年(一六八一)から諸国に巡見使を派遣し、全国を統治する権限を行使した。巡見使は大名の仕置《しおき》(統治)を領民から聞き出したが、遠江国《とおとうみのくに》横須賀藩主本多《ほんだ》利長《としなが》(五万石)と播磨国《はりまのくに》明石《あかし》藩主本多《ほんだ》正利《まさとし》(六万石)は領内の治世が悪く、巡見使に対して不都合があったことから、一万石に減転封《げんてんぽう》の処分が申し渡された。この処罰は、諸大名に対する大きな牽制となり、綱吉政権の全国統治を進めやすくした。

貞享三年(一六八六)四月、綱吉政権は幕領・私領を問わず、全国に向けて鉄砲改めを命じた。

農村部でも都市部でも、鉄砲所持者と鉄砲の種類が帳簿に登録され、鉄砲を隠し持つことを厳禁した。四代家綱政権では寛文期に、関東農村に限り鉄砲改めを命じたが、今回は全国が対象にされた。山村での鉄砲所持者が多いのは、猟師が生業のため所持していたからだが、そのほかにも鳥獣被害対策のための所持が見られた。しかしあくまで威鉄砲《おどしてっぽう》(空砲)の使用のみが認められ、殺傷に用いることは禁止された。生類憐みの令と連動するものである。

元禄一〇年(一六九七)閏二月には、国絵図《くにえず》・郷帳《ごうちょう》の作成を命じた。国絵図とは幕府が所定の大名に命じ国郡単位に描かせた絵図で、初代家康の慶長国絵図(一六〇四年)、三代家光の正保国絵図(一六四四年)以来の五三年ぶりの提出命令であった(図3-10)。

今回とくに作成にあたって綱吉政権が留意したのは、国と国との境界線を明確にさせたことである。これは、山の林野利用をめぐる村落間の紛争である山論《さんろん》や入会権《いりあいけん》をめぐって幕府に持ち込まれた国境《くにざかい》争論の裁許基準にする意図があった。隣接する担当の大名は、事前に国境の部分を描いた下絵を画き、国境線で切り離し、双方が一枚ずつ所持した上で、誤りなく国絵図を作成し幕府に提出した。幕府は、六年の歳月をかけて作成された六六か国の国絵図を並べ、パズルのようにぴたりと組み合わせて、巨大な日本国総図にすることができた。

日本国総図には、松前藩の作成した蝦夷島《えぞがしま》や薩摩藩による琉球国の国絵図が含まれており、

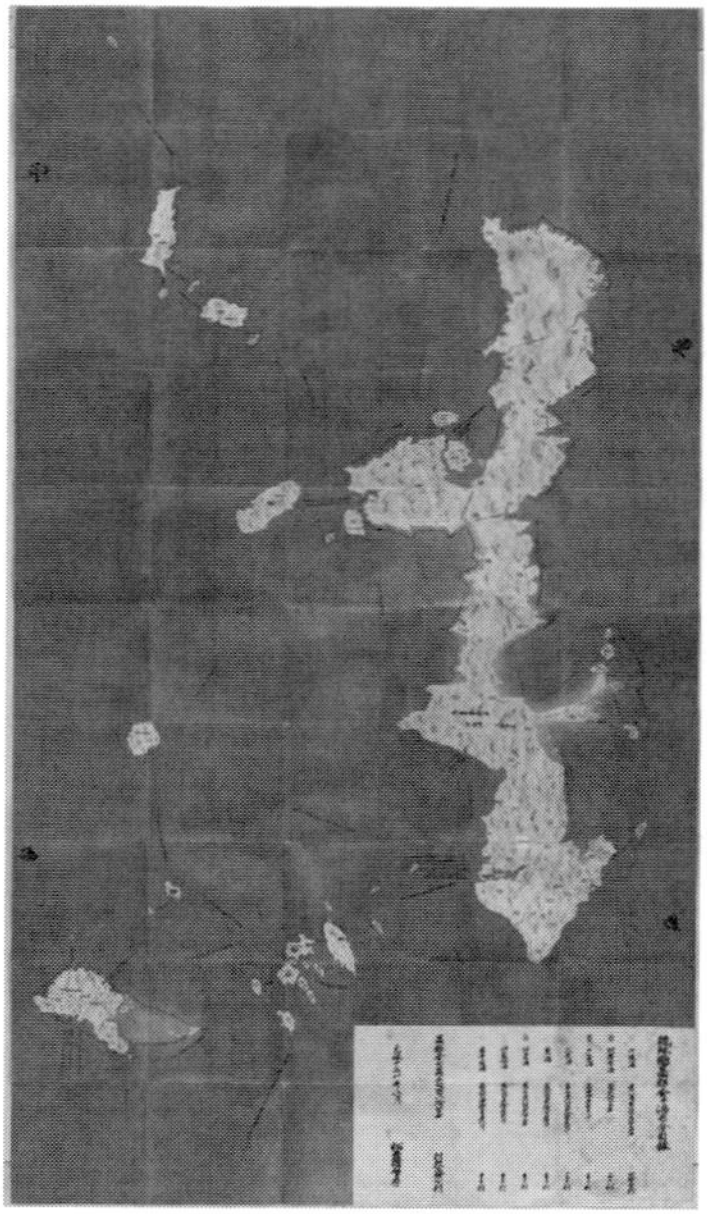

図3-10　元禄国絵図．琉球国沖縄島．琉球国までも対象にされた．

綱吉政権の国家意識が表れている。また国絵図とともに作成・提出させた郷帳は、寛文・延宝期の検地をふまえて村の石高を集計し、郡高・国高を記載させたもので、勘定所が掌握した。いずれも今後の幕政に生かす基準とするためだが、全国に国絵図・郷帳の作成を命じた綱吉政権の強権を知らしめるものでもあった。

次いで全国の交通制度である宿駅制《しゅくえきせい》の充実も図った。宿駅制は、通常の交通量を超える大名行列など、大量の物資輸送に際して、問屋場《といやば》に常備した人馬では不足する時、近在の村々から労働力を徴収して運営した。これを助郷制《すけごうせい》というが、その場合に宿駅が幕領にあれば幕領の村々から、私領(藩領・寺社領など)にあれば私領の村々から助郷を徴発したため、時には遠隔の村々からの助郷となった。綱吉政権は元禄七年(一六九四)、東海道《とうかいどう》・中山道《なかせんどう》・美濃路《みのじ》について、翌々年は日光街道《にっこうかいどう》で、助郷は領主の如何《いかん》にとらわれず宿駅周辺の村々から徴発するように命じた。交通制度（宿駅制）は、私領主の領有関係を超えた国家で管理するものとの考え方が見られる。

大仏殿再建

東大寺大仏殿再建にあたっても、綱吉政権は国家統治の権限を行使した。永禄一〇年（一五六七）、松永久秀《まつながひさひで》の兵火によって大仏殿が焼かれて以来、百数十年間、盧舎那仏《るしゃなぶつ》（大仏）は露座のまま雨風にさらされていた。貞享元年（一六八四）、東大寺勧進上人龍《りゅう》松院公慶《しょういんこうけい》はまず大仏修復の勧進《かんじん》を始めた（図3-11）。趣意を説き柄杓《ひしゃく》に米銭の寄付を募る勧進活動を精力的に行ない、集まった約一万二〇〇〇両を材料費や鋳物師《いもじ》など職人の手間賃に当てて、焼けただれた大仏の鋳掛《いか》けを終え、元禄五年（一六九二）に開眼供養《かいげんくよう》を行なうことができた。

図3-11　公慶木像．公慶は慶安元年(1648)生まれ，宝永2年(1705)没．

次に大仏殿の再建である。元禄六年、公慶は、将軍綱吉と母桂昌院《けいしょういん》、柳沢吉保に面謁して協力を訴えた。幕府は大仏殿再興の意趣として「天下安全、武運長久、庶民快楽之御祈禱」を掲げさせた。公慶が自力で勧進していた時にうたわれた「天下泰平、仏法増隆、貴賤施主二世安楽」という文言を改め、前述した知足院の棟札と同様の武家権力の立場が前面に出された。

しかし幕府の支持が得られたことで、公慶の勧進は志ある者による「相対勧化《あいたいかんげ》」ではなく、幕府の後押しによる強制的な「御免勧化《ごめんかんげ》」となり、幕領・私領を問わず全国を巡行できるようになり、元禄一〇年に金一万両が集められた。しかし、大仏殿創建時の規模とするには一八万両の予算が必要であり、遠く及ばなかった。幕府は、大仏殿を八間四方から七間四方の小ぶりに計画を修正し、予算規模も一〇万両に縮小し、綱吉政権の威信をかけた国家事業として、幕領には高一〇〇石につき金一分の勧化金《かんげきん》を五年間にわたって上納させ、私領についても高一〇〇石について金一分を二年間にわたって課した。

かくして東大寺大仏殿は宝永六年(一七〇九)三月、上棟祝儀・落慶供養《らっけいくよう》が行なわれた。公慶上人は四年前に没しており、完成した大仏殿を見ることはなかった。この間政権がとった方式は、全国を統治する権力だけが可能な国役金《くにやくきん》の徴収と同様の方式であった。

財政圧迫と貨幣改鋳

東大寺大仏殿の再建は全国勧化によって多くを賄《まかな》い、費用の一部のみが幕府の財政負担となった。前述した知足院の場合は、将軍と大名との間の知行宛行《ちぎょうあてがい》に応じた役儀としての手伝普請《てつだいぶしん》で、造営費用の多くを賄い、一部が幕府の費用であった。

これとは別に幕府の財源で直接賄う自普請《じぶしん》の事例も数多く見られた。

綱吉政権期の寺社造営・修復は、大野瑞男氏によれば一〇六例が数えられ、貞享二年(一六八五)の日光山の堂社修復には金一万四三二七両程度を費やしている。翌年の熱田《あつた》神宮修復では金九一一四両程度を、いずれも江戸の金蔵《きんぞう》から支出している。そのほか元禄元～九年(一六八八～九六)の間に限られるが、三四寺社の普請費用として、幕府は金にして約二二万九二六九両の出費をした。三四件で二三万両近くであることから、綱吉政権全体での一〇六寺社に単純に比例計算すると、これはあくまで仮の数字ではあるが、約七〇万両を超えたことになる。

貞享三年(一六八六)の幕府金蔵からの一年間の支出は、金にして約三九万四九六九両であり、このうち幕臣たちの俸禄《ほうろく》に約一六万三七四二両を支出している。この人件費を除いた江戸金蔵からの歳出は二三万両となる。つまり綱吉政権全体として、一年間の財政支出の約三倍もの寺社造営修復を行なったことになり、幕府財政を大いに圧迫したと考えられる。

元禄七年(一六九四)に老中格となった柳沢吉保が幕政の実権を握ると、館林藩神田御殿出身の幕臣を積極的に登用した。勘定所では勘定組頭《かんじょうくみがしら》の半数が神田御殿旧臣者であった。その中に特に財政にたけた荻原重秀《おぎわらしげひで》の姿もあった。柳沢は元禄九年、荻原を勘定頭に推挙した。元禄七年段階の幕府の歳入は、年貢米一四六万石を金に換算して一一六万五五〇〇両であり、歳出は一二七万四五五〇両で、この収支計算をすると、一〇万九〇五〇両の赤字が出ている。支出の増加による赤字財政と考えられるが、ともかくどうやって黒字に戻すのか。折しも金銀採掘量の減少が続き、貿易を通しての金銀の海外流出も甚だしく、ために国内の金銀貨の流通の不足を来《きた》していた。

荻原重秀は、金貨の質を下げて、発行数を増加させ、流通量を増やすことを提言した。元禄八年からこの提言が受け入れられ、金貨の改鋳《かいちゅう》が進められた。それまでの良質であった慶長金銀を改鋳して、質の低下した元禄金銀に鋳直《いなお》し始めたのである。慶長小判に含まれていた金の比率(八四%)を減らして金の含有率五七%の元禄小判を増量鋳造し発行した。慶長銀は八〇%の純度を元禄銀六四%に改鋳した。金貨は元禄八年から宝永七年(一七一〇)までの一五年間で一三九万両余り、銀貨は宝永三年までの一一年間で四〇万貫匁《かんめ》余りを鋳造したことで、幕府はおよそ四五〇万両の益金をあげたと見られる。このような政策が採られた背景には、金の含有量という素材の持つ価値を超えた貨幣を大量に流通させて、額面通用を強制できた綱吉政権という強い国家権力の存在があった。

元禄地震と富士山噴火

元禄一六年(一七〇三)一一月二二日夜、江戸を含む武蔵《むさし》・相模《さがみ》・安房《あわ》・上総《かずさ》諸国が大地震に襲われた。江戸城の石垣・櫓《やぐら》などが崩れ落ち、大名屋敷や民家の多くが倒壊した。海岸線を持つ安房・上総では、津波に人や家が飲み込まれる被害も起こった。小田原城は天守閣・本丸御殿・二の丸屋形がこぞって倒壊し、出火により焼失した。

将軍綱吉は直ちに江戸の護持院のほかに、伊勢《いせ》・石清水《いわしみず》・賀茂《かも》など二十二社の上七社と延暦寺《えんりゃくじ》・東寺《とうじ》など国の伝統的な官寺に、七日間にわたる国家安全の祈禱を命じた。明暦大火の後、家綱政権は無縁の死者一〇万人の遺骸を埋葬し、回向院《えこういん》を建立して追善法要《ついぜんほうよう》を営ませたことを述べた。被災者を救済したり死者を弔《とむら》ったりするのは為政者の務めであるが、今回の将軍綱吉が二十二社や伝統的官寺に国家安全を祈禱させたのも、前近代にあっては祈禱を主宰することが権力の務めであったからだ。それはまた、国家安全の祈禱を命ずる者こそ、国家の統治者であることを明示する効果を持った。

元禄大地震の余震がしばらく続いたのち、四年後の宝永四年（一七〇七）一〇月四日、再び大地震が東海・南海地方に発生した。推定マグニチュード八・四で元禄地震の被害を上回った。翌月一一月二二日から、三〇回にも及ぶ地震が続いた後、地下のエネルギーが吹き出し口を求めていたかのように、二三日ついに富士山が大爆発した（図3-12）。

朝八時頃大爆発音が起こった後、一〇時頃からは蹴鞠《けまり》ほどの大きささの石が降り、山麓近くに落下すると火焔《かえん》で草木や民家を焼いた。富士山の東側に被害が集中したが、特に須走村《すばしり》（駿河

図 3-12　富士山宝永噴火口．中腹(5～8 合目)が大きくえぐられた．『小山町史』．

国駿東《すんとう》郡)では、午後四時に浅間《せんげん》神社神職の小野《おの》大和《やまと》の家に火の玉が落ち炎上、その他三七戸が焼失した。さらに軽石や砂、灰が降り積もり、家屋三六戸が三メートル降り積もった火山砂の重みで潰れた。須走村は壊滅状態となった。

　降砂による被害は同心円状に広がり、駿東郡御厨《みくりや》地方(小田原藩領)は降り積もった砂で田畑が埋め尽くされてしまった。相模国足柄上《あしがらかみ》郡の村々でも降砂が約三〇センチメートルはあり、被害を出した。降り積もった灰や砂は一～一・五メートルで植物を枯らし、二〇センチメートル積もると稲田は破壊されると、植物学的に考えられている。広範囲に及んだ砂降りこそが宝永噴火の最大の被害であり、農民や為政者にとっての最大の課題となった。

　翌年閏正月、小田原藩領を幕領(代官伊《い》奈《な》半左《はんざ》衛《え》門《もん》)とすることが、勘定奉行荻原近江守《おうみのかみ》の名前で命じられた。年貢米の見込みの立たない小田原藩にとって、富士山噴火の被害から自力で回復するのは困難であった。しかるに農民は、砂に埋もれた田畑を自力で再開発する困難な作業を一歩一歩進めていくしか、生きる道は残されていなかった。幕府の対応は早かった。噴火後二週間で、徒目付《かちめつけ》三人と小人目付《こびとめつけ》六人を被災地に派遣して見分《けんぶん》を行なわせた。その上で、前述したように幕領に改め、復旧策を講じた。

復旧策の一つ目は、酒匂川《さかわがわ》など河川に埋もれた砂の川浚普請《かわざらえぶしん》を岡山藩池田家など五大名に命じたことである。諸大名が人夫を出すのではなく、伊奈半左衛門が見分し町人請負いで作業を見積り、入用金高《にゅうようきんだか》を諸大名の石高に応じて負担させる方式をとった。

もう一つの復旧策は、幕府が全国に諸国高役金《しょこくたかやくきん》を課したことである。宝永五年(一七〇八)閏正月付で、「武州・相州・駿州三か国の内、砂積り候《そうろう》村々御救い方の儀に付、この度諸国高役金、御領私領ともに高百石に付金二両ずつの積り、在在より取立て上納有るべく候」の触れが全国に出された。この結果、金にして約四八万八〇〇両が全国から上納された。高一〇〇石について二両の割合だから、約四九万両を集めるには二四五〇万石からとなる。被災地や寺社領と五〇石未満の端数は除外されたので、二四五〇万石は全国の総石高に相当する。薩摩藩では、琉球の石高も含めて国役を務めた。薩摩国絵図に琉球を含めて提出したのと同様、琉球の石高も国役の対象として領有を示す根拠とした。ここでもまた綱吉政権が全国に及ぼした権力の強さを見出すことができる。

綱吉政権は、大名との主従制においては武威を後退させ、忠孝・礼儀による上下秩序を保つための諸政策を取り、その一つの生類憐みの令は、批判も受けた。その一方で全国を統治する幕府権限を強力に行使し、宿駅制度・全国勧化・貨幣改鋳・諸国高役金などを命じたが、いずれも人びとの負担増加を招いていた。なかでも貨幣改鋳や諸国高役金徴収では、収入の使途の不明な処理が荻原重秀ら勘定方によってなされたと見られる。綱吉政権の後半期は、これらの負担感と、大地震や富士山噴火のような自然災害に加えて、公権力を担う者たちの正当性に欠けた行為もあわさって「悪政」批判が起こったものであろう。

5　弱体将軍と新井白石の政策

家宣政権の政策

徳川綱吉は宝永六年(一七〇九)正月、六四歳で死去した。将軍職は、すでに世子《せいし》として五年前から西ノ丸に入っていた徳川家宣《いえのぶ》(四八歳)が継承して六代将軍となった。西ノ丸に入る前の家宣は、父である甲府城主徳川綱重《つなしげ》を継ぎ、江戸桜田御殿に於いて治政をしていた。西ノ丸に移った時に家臣たちも多くが付き従ったが、さらに本丸にも従った。将軍家宣の側近の小姓《こしょう》になった者一四人、小納戸《こなんど》に一九人が登用された。老中の秘書役である奥右筆《おくゆうひつ》も四名が桜田御殿出身者で、譜代大名の老中たちを牽制した。特に側用人に桜田御殿から仕える間部詮房《まなべあきふさ》を登用し、三万石(のちに高崎城主五万石)老中格とした。ちなみに前代の側用人柳沢吉保は六月に隠居する。間部を補佐したのが新井白石《あらいはくせき》であった。白石は、家宣の甲府藩主時代に侍講《じこう》として採用され、西ノ丸・本丸と進み儒者となった。家宣政権の側用人政治の特徴は、将軍の意向を受けた間部が老中層の合議に参加し、合議結果を間部が単独で将軍に報告するというもので、引き続き譜代大名の老中による政権運営を抑制し、将軍の判断が直接政策決定に結びつく幕府権力機構を形成した。

家宣政権はまず、綱吉の葬儀よりも前に、生類憐みの令の停止を命じた。生類憐みの令を存続させるようにというのが綱吉の遺志であったにもかかわらず、下々の迷惑になっているからと、中野などの犬小屋もその入用金の負担も停止した。そのほか玉込鉄砲を用いての猪・鹿・狼撃退を許可し、全国の酒造者に運上金《うんじょうきん》を課した酒運上《さけうんじょう》も廃止したことで、家宣政権の初政は庶民に好意的に迎えられた。

また諸大名にも、老中や側用人への音信物が厳禁され、賄賂《わいろ》が否定されたことは歓迎された。善政を志向した家宣政権の初動の政策は、前代までの将軍が有力大名の処分を行なったり、幕府裁許のやり直しを行なったりして、諸大名に対して威圧的に新将軍の存在を誇示したのとは異にした。これが新井白石を用いた家宣政権の個性であった。その特徴は「武家諸法度」によく示されている。

将軍宣下の儀式を終えた家宣は、宝永七年(一七一〇)四月、代始めの「武家諸法度」を発布した。これまでのように大学頭《だいがくのかみ》となった林家ではなく、新井白石によって全面的に一新された。五代将軍までは漢文体で書かれた法度を改め、読み下しの文体にした。

第一条は「一、文武之道を修め、人倫を明かにし、風俗を正しくすへき事」とした。これは原文のままである。読み下しは、白石の新しい試みであった。前代綱吉が改めた第一条の「一、文武忠孝を励まし、可正礼義之事」をさらにまた改めて「文武の道」と「人倫」と「風俗の正しさ」を第一に求めたのである。「人倫」とは、父子の親しみ、君臣の義、夫婦の別、長幼の序、朋友の信、の五つの教えである。また、正すべき「風俗」とは、上の教化による「風」が正しければ下の習うところの「俗」も正しくなるという、いずれも儒教色の強い性格を打ち出した。

第二条では、国郡家中の政務の重要さと、民を苦しめてはならないことを命じた。仁政《じんせい》の実現を目指すものである。二条目に大名の務めの基本を示したのは特徴的と言える。第三条では、大名の奉公の内容が、軍役と公役として明示された。全一七か条にわたって新井白石による独自性の強い「武家諸法度」で、これまた従来になかった将軍権力の登場を印象付けた。

家宣政権は、柳沢吉保・僧隆光・林家などを排除して人的一新を図ったが、勘定奉行荻原重秀とその配下を排除することはできなかった。そのため元禄小判を改め乾字金《けんじきん》を鋳造し発行する時も、荻原重秀は勘定奉行として参画している。乾字金は慶長小判と同じ金含有率に戻したが、重量は約半分しかなく、元禄小判を乾字金に交換する動きは活発化しなかった。通貨問題は未解決のまま残された。

深まる朝幕協調

先に延宝七年(一六七九)、甲府藩主徳川綱豊に嫁いだ左大臣近衛《このえ》基熙《もとひろ》の姫熙子《ひろこ》は、いまや将軍家宣御台所《みだいどころ》となった。つまり近衛基熙は将軍の岳父になった。この当時、朝廷は近衛基熙の全盛期であった。前述したように綱吉政権下で、霊元院の「朝廷復古」路線は抑制され、近衛基熙の「朝廷の御為の事はもちろん、大樹様御為」を念じる朝幕協調路線となっていた。基熙は元禄三〜一六年(一六九〇〜一七〇三)に関白であったが、息子の家熙《いえひろ》が宝永四年(一七〇七)から正徳二年(一七一二)まで関白に任官され、家宣政権期の朝廷の中心にいた。しかも近衛基熙は、宝永六年(一七〇九)一〇月、公家では江戸時代で最初の太政大臣《だじょうだいじん》になる。

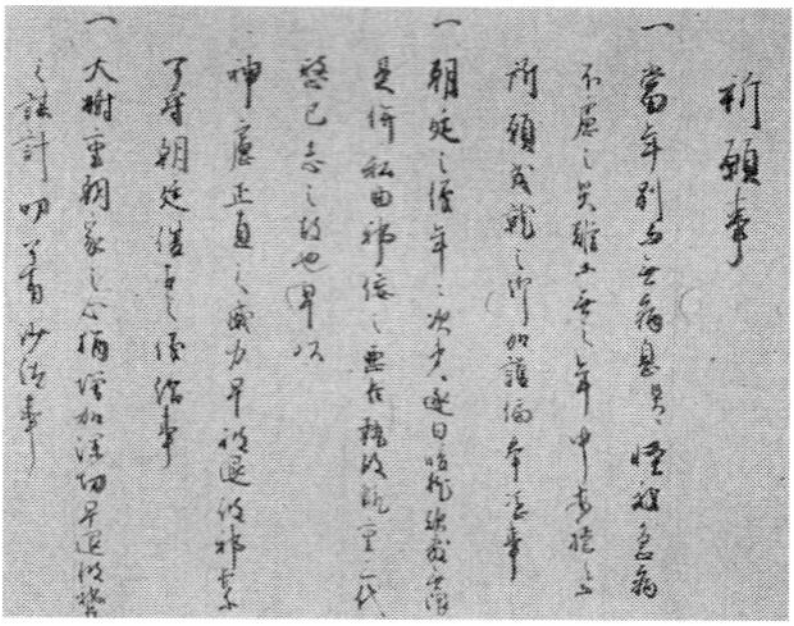

図3-13　霊元上皇願文．下御霊神社．

この近衛家全盛の宝永七年、霊元上皇は下御霊神社に三か条からなる祈願文を納めた(図3-13)。一条目で無病息災を祈った後、二条目は、朝廷が暗然たる嘆かわしい状態になっているのは「私曲邪佞《しきょくじゃねい》の悪臣」が執政(関白)となってすでに三代を重ね、恣意《しい》的な政治をするためである、早く神の力によって、かの邪臣などを退け「朝廷復古」を守ることを願うという内容である。三条目は、将軍の朝廷を重んずる心が深まっており、早くかの邪臣の謀計を退ける沙汰があるように願うという内容である。

霊元上皇が神の威力で排除を願った「私曲邪佞の悪臣」とは、近衛基熙その人であろう。上皇が神願によって排除を望むほかなかったほどに、近衛家の勢力は盛んであった。その逆に、「朝廷復古」の動きはしばらく抑制されるが、この対立構造は「宝暦事件」(宝暦八年〔一七五八〕)や「尊号事件」(寛政三年〔一七九一〕)で顕在化する。両事件でも「朝廷復古」派は抑圧されたのち、幕末に向かう。

近衛基熙は宝永七年四月、将軍家宣の招きで太政大臣の地位のまま江戸神田御殿(かつての徳川綱吉邸)に赴く。滞在中の丸二年間は、実の娘である熙子(御台所)や家宣の歓待を受け、朝幕の交流がもたれた。このような事例は稀有なことで、この時代の朝幕関係の深さが前提になったのだが、このような状況の下で、閑院宮《かんいんのみや》家創設が図られた。

閑院宮家創設

新井白石は、徳川将軍家がこの間すでに二回も大統《たいとう》が絶たれたことを挙げ、天皇家においても儲君のほかは皇子・皇女が出家して、皇位継承が危うくなる恐れがあるとの認識から、既存の三宮家、すなわち伏見宮《ふしみのみや》・京極宮《きょうごくのみや》(桂宮《かつらのみや》)・有栖川宮《ありすがわのみや》に加えて新宮家の設立を建言した。

江戸に在った近衛基熙は新宮家設立の情報を京都に伝えた。「東山院若宮秀宮《ひでのみや》御方、親王家御取立、御領千石進《まい》らせらるべき事」の内容は直ちに広められた。幕府が、東山院皇子の秀宮(中御門《なかみかど》天皇同母弟)をもって世襲親王家(閑院宮)に取り立て、御領一〇〇〇石を進献することを伝えた。ただし、親王家創設は後々の例にしないことを、幕府は厳命している。このことは、近衛基熙が摂家中心の考え方から、親王家創設を快く思っていないことに配慮して、後の例にしない特別の創設と断ったものである。

正徳改元

宝永八年(一七一一)には改元がはたらきかけられ、まず朝廷で勘文《かんもん》がなされた。学問を家職とする清岡《きよおか》・高辻《たかつじ》・五条《ごじょう》・唐橋《からはし》家を元号勘者として選んだ上で、各人の勘文から「正徳《しょうとく》・寛保《かんぽう》・享和《きょうわ》・享保《きょうほう》・明和《めいわ》」の五候補を選定して幕府に提示した。中御門天皇と霊元上皇は「寛保」か「享和」が良いと内々に伝えたが、幕府は「保」の字は柳沢吉保との連想が起こり、「享和」は音の響きが「凶」とつながり不快であるとの理由で、「正徳」が選ばれた。通例では、幕府は叡慮を尊重するのだが、叡慮と異なる「正徳」の案を朝廷に戻し、正式に正徳の改元となった。これも、学知にこだわりを持つ新井白石の影響を受けた家宣政権の特徴と言えよう。

以上の朝幕協調期にあって、しかしながら中御門天皇即位時(宝永六年〔一七〇九〕)には大嘗祭が挙行されなかった。父である東山天皇即位時に二二一年ぶりに再興されたにもかかわらず、朝廷側から幕府に要請がされなかったのは、東山天皇大嘗祭に褉行幸が無い形式に近衛基熙が反対したいきさつがあり、その近衛家全盛期に朝廷から申請することがなかったためである。

日本国王号

新井白石の提言は、家宣政権において実施されることが多く、家宣政権を「新井白石の時代」と評価することがある。正徳元年(一七一一)、朝鮮通信使が家宣の将軍襲職を慶賀するため来訪することになった。白石は、朝鮮国からの国書において、将軍を「日本国王」と称するように提言した(図3-14)。

寛永一三年(一六三六)の朝鮮通信使は、それまでの三回の使節が「回答兼刷還使」と呼ばれ、

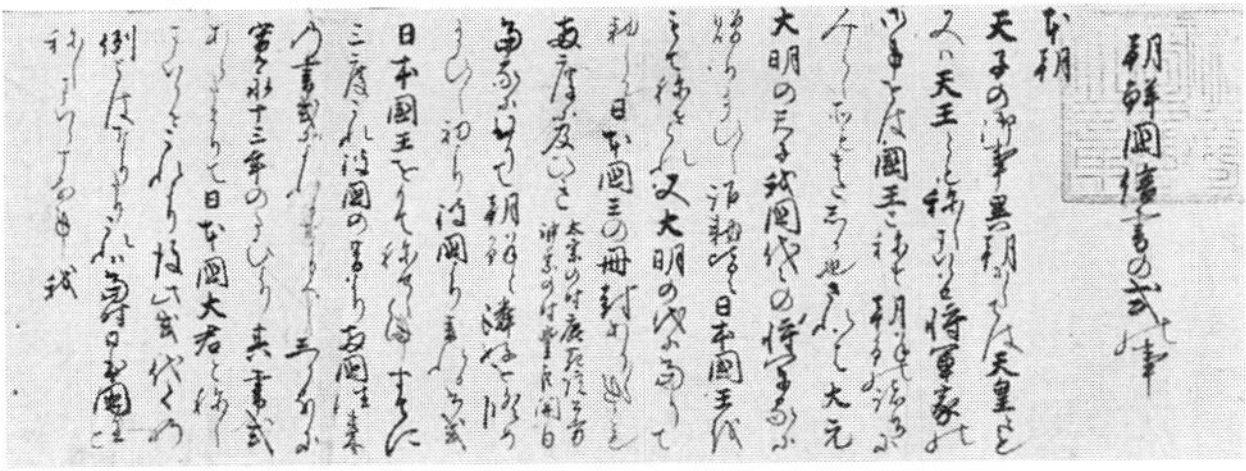

図 3-14 「朝鮮国信書の式の事」．新井白石自筆の建議書．

捕虜を刷還(帰還)させることを主目的にしたものであったのを改め、友好の信《よしみ》を通じる使節とした最初で、以後の朝鮮通信使の先例となった。その時以後、四回の使節はいずれも、将軍を「日本国大君」と称してきた。

白石の主張は、「大君」は朝鮮では王子の嫡子《ちゃくし》を指す言葉であり、国王より低い意味となる、東アジアでは天子を天皇・天王と称し、将軍を国王と称すのを通例としていて、室町将軍は「日本国王」を国書に用いており、徳川将軍についても「日本国王」号を用いるべきというものだった。この建言は取り入れられ、正徳の朝鮮通信使の朝鮮からの国書には、「日本国王」号が用いられた。

新井白石はまた、武家の官位についても独自の主張を持っていた。武家の官位は、前述したように「禁中並公家諸法度」第七条で規定され、「公家《くげ》当官《とうかん》の外《ほか》」として幕府が実質的に掌握していた。しかしその官位は、律令制以来の官位制度の中に位置付けられ、武家は低い官位となった。朝廷で言えば大臣に相当する幕府老中でさえ、従四位下《じゅしいげ》を最高とする位階しか持ちえず、幕府老中を軽視することにつながった。朝廷の公家からはもとより、中国・朝鮮・琉球においても同様に軽視につながる。そこで白石は、武家独自の官位として古代に存在した勲位制度を導入することで、老中に勲一等を与えれば、朝廷にも異国にも体面が保てると主張した。

提言は実施に至らなかったが、白石の危惧したように、武家独自の官位制度を持たなかったことは、後々に天皇・朝廷権威の浮上を招くことにつながった。この武家官位制度と「日本国王」号の二つの主張は、新井白石の国家観をよく窺わせる。

白石の政策

勘定奉行に依然、荻原重秀が留まって、白石と政策について対立していた。交通政策に関して荻原は、助郷《すけごう》にあたる村々だけが宿駅《しゅくえき》制度の負担を負うのではなく、国役として幕領・私領を問わず、一国単位で費用を徴収し、宿駅の費用に充てることを考えた。これは、助郷村々のみに負担をかけるという不公平感をなくす、近代的な税制に近い考え方と言えるが、白石はこれに反対した。

白石の判断は、助郷の村々が疲弊している原因は、役人や伝馬《てんま》人足《にんそく》の不正によるものであるとして、人的な倫理の問題として捉え、国家的な視野から構造的に捉えようとはしなかった。もちろん実際に不正は横行していたのであろう。幕領の年貢徴収を行なう代官・手代などの不正によって、年貢は四公六民で四〇％のところ三〇％を切っていた。正徳二年(一七一二)、幕府は不正代官を取締り、全国の幕領に巡見使を派遣して不正を摘発し、年貢の増徴に結びつけた。

白石と荻原の対立は貨幣についても顕著に見られた。白石は、金銀は天地より生じた大宝であり、人為的にその品位を乱した荻原の行為は許しがたいものと考える。また貿易を通して低品位の金銀貨が異国に流出することは、異国から侮《あなど》られることになるとの国家意識を白石は持った。白石は対立する荻原の罷免《ひめん》要求書を将軍家宣に提出したが、三度の要求に答えて家宣が荻原を罷免したのは正徳二年九月、家宣の死去一か月前のことであった。

幼児将軍の誕生

正徳二年一〇月、将軍家宣は五一歳で病没した。四年に満たない短期の政権であったが、前代の綱吉政権の悪政と見られた政策を改め、岳父近衛基熙との朝幕協調した政策を進めた。跡を継いだ息子の家継《いえつぐ》は、個人の判断力をいまだ持ちえない幼児(満三歳二か月)であった。幕府権力の主柱である将軍個人の権威が極めて弱体化したのは誰の目にも明らかであった。

将軍権力代行者となる側用人間部詮房《まなべあきふさ》と政策立案者新井白石は、将軍の権威を高める方策として儀礼を重視し、家格の序列を重んじ、将軍個人の人格ではなく将軍の地位が格式と権威を持つような仕組みを作るよう努めた。すでに宝永六年(一七〇九)八月、江戸城での重陽《ちょうよう》の節句の儀式に出仕《しゅっし》する武家に、万石以上の大名と高家《こうけ》・大番頭《おおばんがしら》は花色(水色)の小袖を着用するように命じ、礼服の色によって一目で格式が判るようにした。将軍参詣に供奉《ぐぶ》する場合も、正徳元年一二月に侍従《じじゅう》は直垂《ひたたれ》、四品《しほん》は狩衣《かりぎぬ》、諸大夫《しょだいぶ》は大紋《だいもん》と官位に応じた装束規定がなされた。一目瞭然の武家装束が定められ、その序列の最高位に将軍権威が位置付けられる仕組みが整えられた。

幼児将軍の権威付けのために、皇女との婚約を正徳五年春に構想した。父家宣は近衛家の姫を、五代綱吉は鷹司家の姫を、四代家綱は伏見宮家の姫を正室にした。七代家継には、摂家・宮家を上回る格式の皇女を迎えることで将軍権威を高めようとした。霊元法皇の第一三番目の皇女八十宮《やそのみや》(吉子《よしこ》内親王、二歳)との婚約は九月に正式に発表された。結婚の時期は、皇女が七歳になる五年後が予定された。それまでは母方の里に幕府が普請した屋敷に住まうことが決められ、家領として五〇〇石が進献された。

正徳小判と正徳新例

新井白石は、荻原重秀と通じていた銀座関係者を遠島《えんとう》などの処分にした上で、正徳四年(一七一四)五月、慶長小判と同じ金の含有量で同じ量の正徳小判を発行した。悪貨である元禄金や乾字金《けんじきん》を回収し、貨幣流通を速やかにした。かつ異国に対しても威信を高めることになった。その結果、二倍の金流出を招くことになる矛盾を内包した。

白石はまた、長崎における異国との貿易に新たな制限を加えた。白石の危惧は、慶長六年(一六〇一)から宝永五年(一七〇八)までの一〇〇年余りで、我が国から流出した金は七一九万二八〇〇両、銀は一一二万二六八七貫匁《かんめ》に上ると概算される点であった(『折《おり》たく柴《しば》の記《き》』)。すでに鉱山からの採掘量は限界に達しており、このうえ貿易で大量流出させないために、貿易制限の強化を図った。

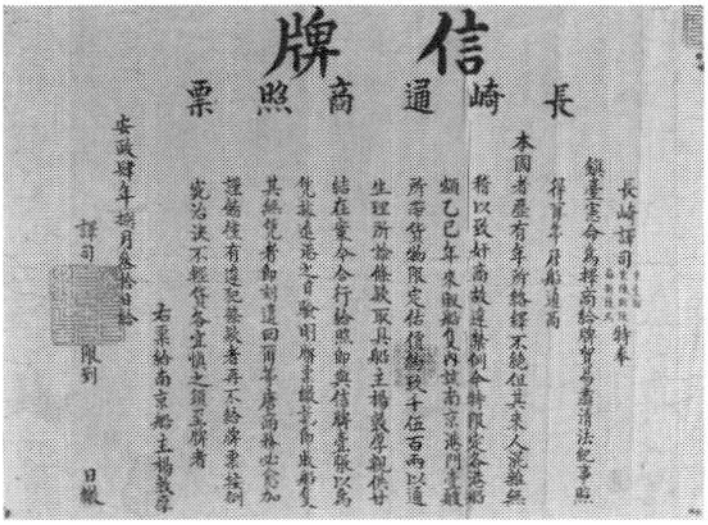
信牌
長崎通商照票

図3-15　信牌．貿易許可の証明書．大高檀紙を用いた．

正徳五年、正徳新例とも呼ばれる「海舶互市新例《かいはくごししんれい》」を命じた。中国船の年間長崎入津数をそれまでの八〇隻から三〇隻に減らし、銀高を六〇〇〇貫匁に制限した。オランダ船は年に二隻、銀高三〇〇〇貫匁と制限した。また、年間に一〇〇隻を超すと見られた渡来中国船を三〇隻に制限したため、抜《ぬけ》荷《に》(密貿易)を行なう可能性が高くなったことから、信牌《しんぱい》と呼ぶ渡航許可証を事前に与え(図3-15)、これを持参しない船は長崎入港と貿易を不許可とした。これに加えて、長崎会所では貿易商品を一括購入し、入札で販売する方式をとったことから、会所の利益は上がった。以上の内容を持つ「正徳新例」は、基本的にその後、歴代の政権に継承されることになる。

　正徳六年(一七一六)四月三〇日、幼児将軍家継は突然のように世を去った。わずか六歳九か月の短い生涯であった。京都の幼き婚約者の皇女八十宮は家領五〇〇石によって、その後四五歳までの生涯を送った。幼児将軍家継を支えた間部詮房と新井白石による政治もここに終わりを告げた。

第四章　豊かな経済、花ひらく文化

1　増大する生産力

戦争が起こらず平和が続くことで、経済は発展し、文化は豊かに花を咲かせる。泰平の時代の経済と文化について、一七世紀半ばから一八世紀初頭までを対象に見ていくことにしよう。

大小の開発

大名たちは戦争の時代が終わると、戦で手柄を立て、加増されての領地拡大は不可能となり、もはや領地の内側にある原野や荒地などを耕作地に変えることで、領地の実質的拡大を図る必要に迫られた。こうして各地において大規模開発や小規模開発が、いずれも人びとの努力によって進められた。近世前半期の広範囲にわたる大小の開発によって、耕地面積はおよそ倍増した。

大規模な開発は幕藩領主が主導した。承応《じょうおう》三年(一六五四)に三三年間の工事の末に、利根川《とねがわ》の流路は銚子《ちょうし》から太平洋に注ぎ込まれるようになった。それまでは江戸湾に流れ込み、しばしば氾濫《はんらん》を引き起こしてきたが、関東郡代伊奈《いな》氏の指揮のもとでの付け替え工事の成功は、洪水を防いだだけでなく、従来の氾濫原や沖積地の耕地化を可能にさせた。この年（承応三年）はまた、老中松平信綱の指示のもと、玉川上水《たまがわじょうすい》が開削され、羽村《はむら》の堰《せき》から多摩川の水が取り入れられ、江戸市中の上水道が整備されることになった。玉川上水は流路の途中で、用水路を幾筋も分岐させ、水の不足していた武蔵野台地に流し、たとえば野火止用水が翌年に完成して、松平信綱の自領（川越藩《かわごえ》）の台地が水田化し耕地拡大した。

以上の幕府による関東の開発事例に加えて、諸大名による開発も見られた。庄内藩《しょうない》では、最上川《もがみがわ》や赤川《あかがわ》の上流に堰《せき》を設けて用水路を通し、荒野を開墾して水田化を大規模に進めた。仙台藩《せんだい》では、北上川《きたかみがわ》の流路改修工事を行ない耕地化が進められたが、これは地方知行《じかたちぎょう》を持つ家臣たちが担い手になった。開発後の新田が家臣の知行に加えられたことが事業の推進力となった。東国に限らず、西国では有明海《ありあけかい》や児島湾《こじまわん》などの干潟《ひがた》を干拓《かんたく》する方法で新田開発が進行した。干拓の成功により耕地は拡大したが、その陰で干潟漁業に従事していた漁民の稼ぎ場が失われたことにも目を向ける必要がある。

幕藩領主に依らない、町人や旧土豪の出資による開発事例も、各地に見出すことができる。現在の千葉県匝瑳市《そうさ》・旭市《あさひ》の辺り（下総国海上郡《しもうさのくにかいじょうぐん》）に、長野県諏訪湖《すわこ》の三倍以上の面積を持つ椿海《つばきのうみ》という湖が存在した（図４－１）。水を満々とたたえ、船が行き来し漁業も行なわれていた。

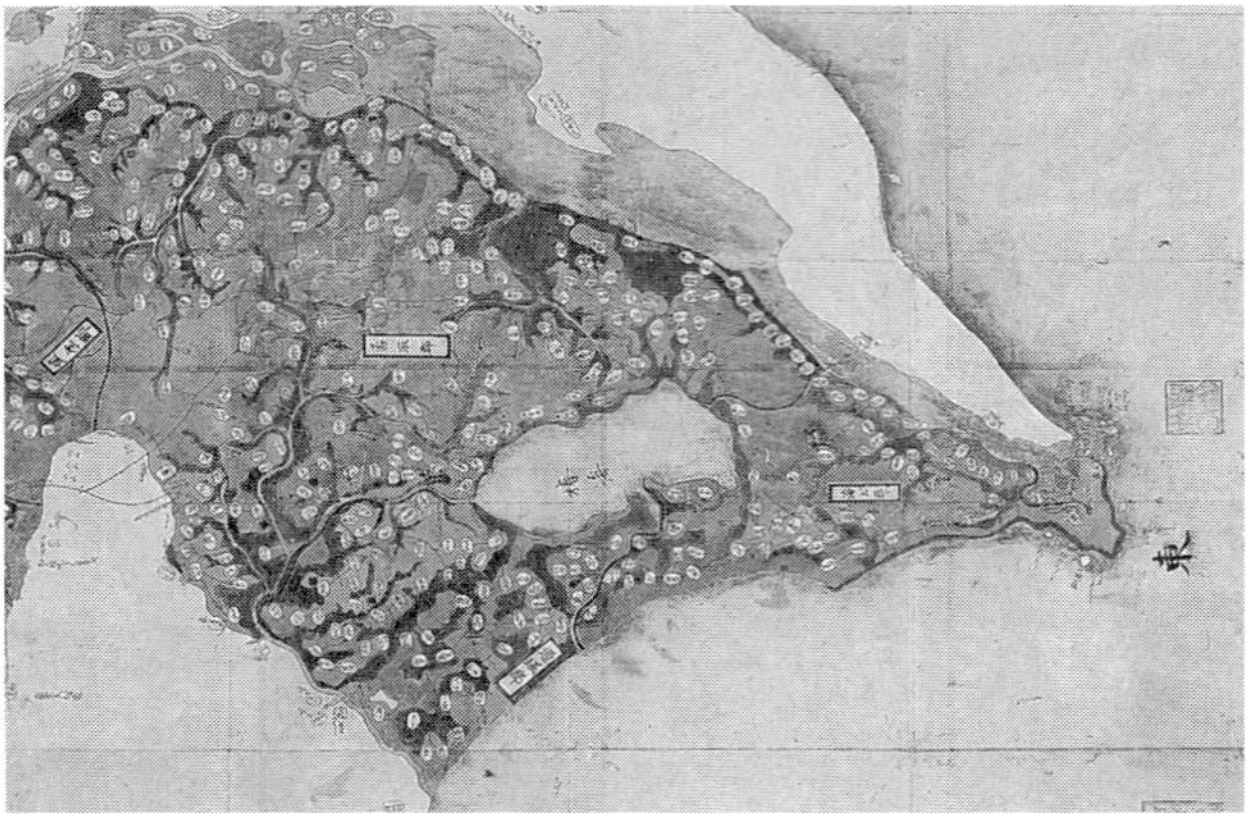

図 4-1　椿海．中央に湖の「椿海」が描かれている．「下総国絵図」．

寛文《かんぶん》年間に江戸町人白井次郎右衛門《しらいじろうえもん》と辻内刑部左衛《つじうちぎょうぶざえ》門《もん》(大工棟梁《だいくとうりょう》)が、椿海の干拓計画を幕府に願い出た。さらに江戸白金台の黄檗宗瑞聖寺《おうばくしゅうずいしょうじ》の住職鉄牛《てつぎゅう》(隠元《いんげん》の孫弟子)の働きかけにより、幕府も資金援助を行なって工事は延宝《えんぽう》元年(一六七三)に完了した。

翌年から新田の販売が行なわれた。田一町歩が金五両で売られることになり、幕府は二五〇〇町歩を売り出し一万二五〇〇両を得て、資金を回収した。開発の労働力となった周辺村落の人びとが入植して新しい村が一八か村、かつての椿海の湖底に誕生した。また、鉄牛が開いた三寺院とその他二寺院も建立され檀那《だんな》寺《でら》となった。元禄八年(一六九五)に実施された検地では、村高の合計は二万四四四一石あり、干拓による耕地面積の拡大となった。

寛文一〇年(一六七〇)に完成した箱根用水は、江戸浅草の米商人友野与右衛門《とものよえもん》らが出資した開発事例となる。寛文三年に友野らは幕府と小田原《おだわら》藩に計画を申請した。箱根芦ノ湖《あしのこ》の水を駿河国駿東郡《するがのくにすんとう》深良村《ふから》(裾野市《すその》)側に落とし、三島まで用水路を通す計画である。これには箱根の山底に隧道《ずいどう》を貫く掘抜き工事が必要で難工事であった。四年間の作業によって完成し通水した結果、合わせて八〇〇〇石の新田が生み出された。

同じ駿東郡御厨《みくりや》地方の阿多野原《あだのはら》(小山町《おやま》)でも、江戸町人による開発計画が寛文四年(一六六四)に持たれ、いったん頓挫《とんざ》した後、寛文八年に江戸材木町石屋善左衛門《こくやぜんざえもん》と隣村の湯船《ゆぶね》村名主《なぬし》市左衛門の連名で小田原藩に申請がなされ、許可を受けた。台地上の草原を開墾して水田にするためには、豊かな水量の用水が必要となる。富士山の伏流水が岩盤から滝のように湧き出る布引きの滝を水源に、途中で隧道掘削も含む用水路開削工事を完成させ、一六町歩の水田を開いた。総費用は約六六〇両で、周辺村落から集められた人足の賃金にその四割があてられた。これは小規模の町人請負新田の事例である。

かつての戦国武士の系譜を持ち、主家の滅亡によって土着した旧土豪は、地域に様々な影響を与えることがあった。武田氏の被官であった市川五郎兵衛《いちかわごろべえ》は、信濃国北佐久郡《しなののくにきたさく》矢島原《やしまがはら》と呼ばれた芝地を開発する計画を小諸《こもろ》藩に申請し、許可を受けた(図４-２)。蓼科山《たてしなやま》の双子池を水源に持つ鹿曲川《かくまがわ》から取水し、全長二〇キロメートルの用水路開削を行なった。途中、山を貫く掘

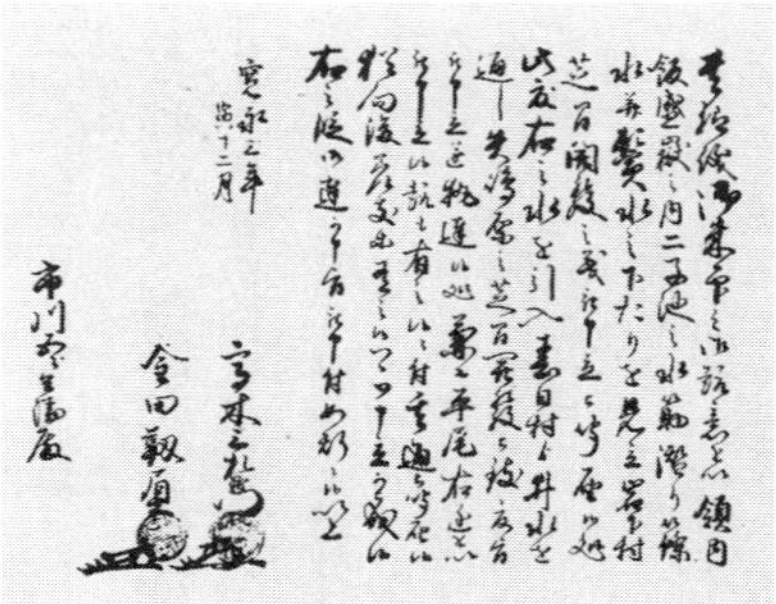

図 4-2　小諸藩の開発許可状．市川五郎兵衛宛て．

抜き(隧道)が四か所あり、鉱山技術者(金掘り)を動員して、鑿《のみ》で一打ち一打ち打ち込んで完成させた。足かけ五年の歳月をかけて用水を通し、寛永一〇年に四三九石余り、さらに元禄六年には六八九石の村高の新田村落(五郎兵衛《ごろべえ》新田《しんでん》村)となった。

この六〇年間で村高が増加したのは、たゆまぬ開発が続いた故であろう。

新しい村と家

以上の開発事例は、ごく一部である。さらに小規模ながら村落単位や家単位で、河川敷や草地・山地を切り開いていった努力は、無数にあったに違いない。このような大小さまざまの開発の取り組みによって一七世紀の耕地の拡大が実現した。かくして田畑面積は、一七世紀初頭の約一六四万町歩から一八世紀初めの二九七万町歩へと増加した。耕作地の増加はもちろん生産物の増加につながり、その結果、人口もこの間に倍増したと推測される。

新しい村には、周辺村落に居住していた者で、開発に携わった者たちが居住した。これらの入植者は、旧の村落で安定した農業経営を行なっていたとは考えにくく、たとえば当主に同居していた弟夫婦や叔父夫婦や、名子《なご》や被官《ひかん》などと呼ばれた従属的な者たちが多く含まれていたであろう。彼らが開発に参加して、新しい村の居住者となった後、旧村では弟夫婦のような傍系家族を抱えた大家族は分解し、一夫婦単位の単婚小家族となる。もちろん、新しい村の居住者も一夫婦単位の小家族で構成される。現在でも一夫婦単位の家族形態が主流であるが、その出発点はこの時代に求められる。また、この単婚小家族はいずれも檀那寺を持ち、家の墓を持ち始めて、寺檀《じだん》制度や寺請《てらうけ》制度の展開と足並みを揃えたことにも注目したい。

幕府も藩も、人びとの耕地面積拡大の努力によって形成された家族と村落を、改めて掌握し、年貢《ねんぐ》と夫役《ぶやく》の徴収の基盤を確認するために、検地と宗門人別改《しゅうもんにんべつあらた》めを実行していった。幕府の場合、関東幕領を中心に寛文五年(一六六五)頃「寛文検地」を行ない、畿内《きない》と近国の幕領では延《えん》宝《ぽう》五年(一六七七)に「延宝検地」を実施し、さらに翌年にはその他の国々の幕領に検地を拡大したのは、大きく変化した村落と家族の実勢を改めて掌握する必要に迫られたからである。また前述した家綱政権での宗門人別改帳の制度化が、この時期と符合することにも合点がいく。

全国市場

検地帳に基づき、村単位で徴収した年貢米を、大名たちは藩政の財源と家臣の俸禄《ほうろく》米《まい》に充てた。藩政の財源となる米の最大の販売市場は大坂にあり、換金して多様な支出に充てたのである。米などの物資を輸送する流通の構造は寛文・延宝期に確立した。「東《ひがし》廻《まわ》り航路」と「西廻《にしまわ》り航路」と呼ばれる、物資輸送のための海上航路が開発されたことで、流通が活発になったためである。

「東廻り航路」開発以前には、秋田藩など日本海側の藩に例をとるならば、大量の米を江戸藩邸に送るのに、利根川の付け替え工事が承応三年(一六五四)に完成した後では、銚子港で積み荷を川船に移して、利根川を使って関宿《せきやど》経由で、江戸川から江戸の藩蔵屋敷《はんくらやしき》に運ぶことが可能になった。

これでも便利になったが、さらに寛文一一年(一六七一)、河村瑞賢《かわむらずいけん》によって、日本海から津《つ》軽《がる》海峡を越えて太平洋を南下する航路の開発がなされ、この航路では南下した大型船が直接江戸湾に入るのは困難であったが、いったん伊豆《いず》下田《しもだ》まで南下し、改めて北上して江戸湾に入る方法に成功した。これがいわゆる「東廻り航路」である。以後、大量の米を積んだ秋田藩・津軽藩・南部《なんぶ》藩など東北諸藩の大型船は、直接江戸に入津するようになった。

「西廻り航路」開発以前には、秋田藩など日本海側の米が大坂市場に運ばれる場合、従来は日本海を西に下って越前敦賀《えちぜんつるが》や若狭小浜《わかさおばま》で積み荷を降ろし、陸路で馬借《ばしゃく》によって琵琶《びわ》湖北岸に運ばれ、湖上を舟運《しゅううん》で大津《おおつ》に輸送し、再び陸路を用いて京やさらに舟運で大坂に運ばれていた。

これでは経費と時間がかかり大量輸送には不向きであった。加賀《かが》藩ではすでに赤間関《あかまがせき》(下関)を経由して瀬戸内を進み大坂に至るルートを試みていたが、寛文一二年、河村瑞賢は出羽国最上《でわのくにもがみ》地方の幕領米を、酒田《さかた》港から瀬戸内海経由で大坂に大量に直接輸送することに成功した。これが「西廻り航路」の最初となるもので、以後、沿岸の港湾の整備を重ねて、航路は活発に利用されるようになった。こうして幕藩領主にとっての最重要商品である年貢米の輸送は、大量かつ迅速に行なわれ、大坂市場での換金と江戸屋敷での用途にあてられた。

大名たちは、年貢米の換金に止まらず、中世以来領内で営まれてきた特産品を商品として全国に販売することも考えた。藩による特産品奨励の事例として、会津《あいづ》藩では保科正之《ほしなまさゆき》が漆《うるし》と蠟《ろう》を専売制にして、積極的に市場に商品を販売した。赤穂《あこう》藩では、浅野氏が入浜式塩田《いりはましきえんでん》を奨励して塩の販売促進を図ったのが正保《しょうほう》二年(一六四五)であった。津和野《つわの》藩では、正保三年に石見《いわみ》の特産品である石州半紙《せきしゅうはんし》の原料となる楮《こうぞ》の植え付けから奨励した。越前福井《えちぜんふくい》藩は、京都でも特産品の名声を得ていた鳥《とり》の子《こ》紙《がみ》や檀紙《だんし》などの和紙生産地である今立《いまだて》郡五箇村《ごかむら》(大滝・岩本など五村の総称)に着目した。中世以来、紙座《かみざ》で特権的に生産にあたっていた漉屋《すきや》に加え、座を解体させて他の村人たちも生産に加わり、寛文・延宝期には三都を中心に販売は大盛況となった。この当時、大名領で質の良い紙を自給できるところは少なく、五箇村は他地域に先行して三都に供給して売れ行きはよく、生産者(漉屋)は大いに繁栄した。福井藩では、他藩に先駆けて寛文元年(一六六一)に藩札を発行し、紙などの特産品を藩札で購入した上で、三都で特産品を販売させ、正金銀を獲得した。

幕藩領主の介入しない民間においても商品の流通は盛んになったが、この時代にはまだ商品量の乏しさから、地域間の価格差が大きかったことが特徴的である。全国的に見て、気候が温順で農業生産力の高い、山城《やましろ》・摂津《せっつ》・河内《かわち》・大和《やまと》などの畿内では、綿作などが行なわれだしており、綿花から核を取り出して繰綿《くりわた》にする一次加工に従事する者たちもいた。この繰綿を、摂津平野郷《ひらのごう》の問屋井筒屋清右衛門《いづつやせいえもん》は自己資本で集荷し、大坂の船積問屋《ふなづみどいや》を仲介して江戸に輸送した。江戸では伊勢町の荷受問屋《にうけどいや》鎌倉屋市左衛門《かまくらやいちざえもん》が商品(繰綿)を受け取り、常陸国下館《ひたちのくにしもだて》の商人中村兵左衛門《なかむらへいざえもん》に送る。下館の中村家は、このように仕入れた繰綿を仙台に送って販売した。中村家は、購入代金を摂津の井筒屋に支払っており、大坂の船積問屋や江戸の荷受問屋はいずれも口銭《こうせん》(手数料)を得るのみで、商品の売買差益(利潤)は下館の中村家が獲得した。中村家は、繰綿以外にも真綿《まわた》・木綿《きわた》・水油《みずあぶら》(菜種《なたね》油など)・たばこ・茶・酒など多品目の商品を自己資本で仕入れ、これらを販売して利益を上げ、明暦《めいれき》元年(一六五五)に三五六七両であった店卸金を延宝《えんぽう》四年(一六七六)に七四四二両へと一〇年余りで倍増させている。

このような遠隔地にある特産品と販売地との間の商品価格差の大きさに着目して、商品移動させるだけで大きな利益を生む状況が寛文・延宝期には存在した。下館の中村兵佐衛門家のような商売を行なう商人を遠隔地間商人《えんかくちかんしょうにん》と呼び、三都以外の常陸国真壁《まかべ》や上野国《こうずけのくに》富岡《とみおか》・信濃国松本・越前国今立郡五箇村・近江国《おうみのくに》日野《ひの》などにも同様に、この時期に資産を倍増するような利益を上げた遠隔地間商人が存在した。対して、大坂や江戸に、地方の遠隔地間商人と呼応する、口銭を得るだけの荷受問屋が存在していたことも、この時期の特徴と言える。

以上、東廻り・西廻りの航路が整備されて、領主米のほか各種の商品流通が活発になりだし、また各地の特産品が三都の問屋を媒介にして全国を市場にして流通する構造(全国市場)が、この時期(寛文・延宝期)には確立した。

2　発展する商品経済

商品流通と都市の発展　大小の開発による耕地拡大は、およそ一七世紀で一段落した。当時の技術力で開発可能な地域が、乏しくなったためと考えられる。気候による地域差があるが、およそ元禄年間からは、人びとの努力は耕地面積を広げるのではなく、同じ面積からより多量の農作物を生む方向へと向かっていった。農業技術を高め、備中鍬《びっちゅうぐわ》など道具の向上や、干鰯《ほしか》などの購入肥料(金肥《きんぴ》)を使用する上に、何よりも労働力を集約的に投下した。また宮崎安貞《みやざきやすさだ》の『農業全書《のうぎょうぜんしょ》』一〇巻のような農書の刊行(元禄一〇年〈一六九七〉)も、農作物の栽培技術を高めるのに意味を持った。

米の反当《たんあたり》収量が増加すると、年貢米と夫食米《ふじきまい》を確保できるだけの作付《さくづけ》を田の一部で行ない、余った土地で米以外の農産物を栽培することが可能になる。たとえば生産力の高い摂津国住吉《せっつのくにすみよし》郡平野郷では宝永三年(一七〇六)、田方の四八%でだけ稲作が行なわれ、五二%は綿作にあてられていた。畑方は七八%で綿作であったが、木綿の外に菜種《なたね》・藍《あい》・たばこなどの商品作物が作られ、この傾向は全国に広がりを見せていった。

前節で述べた寛文・延宝期では、まだ畿内や三河《みかわ》など一部の限られた特産地だけであった木綿その他の商品作物生産は、一八世紀以降元禄・宝永期になると一部の寒冷地を除いて諸国で生産が始められ、多量の商品流通が展開していった。全国からの商品の多くは、大坂に運ばれた。正徳四年(一七一四)、新井白石が政権にある時期に行なわせた幕府調査(表4-1)によれば、一年間に一一九種類の商品が大坂に移入され、その総銀高は銀二八万六五六一貫四一一匁で、これを銀六〇匁=金一両で換算すると、金四七七万六〇〇〇両となる。これらは農民が商品生

表 4-1　正徳 4 年(1714)大坂移入品表

種類	数量	価銀(貫)	種類	数量	価銀(貫)
米	282,792 石	40,814	唐薬種		2,788
菜　種	151,225 石	28,049	炭	767,814 俵	2,504
材　木		25,751	鰹　節		2,178
干　鰯		17,760	京織物		2,066
白毛綿	2,061,473 端	15,750	木　蠟	42,785 貫	1,915
紙	148,464 丸	14,464	餅　米	12,294 石	1,829
鉄	1,878,168 貫	11,804	七島莚	1,485,460 枚	1,729
掛　木	31,092,394 貫	9,125	古　手	135,744	1,717
銅	5,429,220 斤	7,171	結　木	17,485,464 把	1,606
木わた	1,722,781 斤	6,705	藍	320,460 貫	1,466
たばこ	3,631,562	6,496	煎　茶	1,478,010 斤	1,460
砂　糖	1,992,197 斤	5,614	唐織物		1,293
大　豆	49,930 石	5,321	干　魚		1,244
塩	358,436 石	5,230	和　漆	27,626 斤	1,164
小　麦	39,977 石	4,586	奈良晒布	22,821 疋	1,087
塩　魚		4,156	椀折敷	96,383 束	1,064
胡　麻	17,142 石	4,129	鉛	556,170 斤	881
綿　実	2,187,438 貫	3,920	蘇　木	392,198 斤	827
生　魚		3,475	真　綿	2,455 貫	806
毛綿綛	116,647 貫	3,430	大竹中竹	1,188,980 本	805
布	310,558 端	3,401	荏　子	5,084 石	775
絹	35,573 疋	3,013	和薬種		698
焼　物		2,876	唐　漆	20,129 斤	687
畳　表	1,102,907 枚	2,866	青　物		686
嶋毛綿	236,923 端	2,832	(その他 69 種略)		
苧	145,874 貫	2,815			
			合　計		286,561

大石慎三郎氏原表より作成．ただし，価銀の端数は四捨五入．

産し、商人の手を介して流通した納屋物《なやもの》と呼ばれた商品だけの銀高で、蔵《くら》物《もの》と呼ばれた諸大名の送り荷物は含まれていない。蔵物の量は、たとえば蔵《くら》米《まい》は納屋米《なやまい》(二八万石余)の四倍と想定されるので、一〇〇万石は下らなかったと考えられる。したがって蔵物・納屋物を合わせた大坂への商品移入は膨大な量であったと考えられる。

表のように実に多品種

の商品が入荷したのだが、ここでは木綿関係に着目してみたい。木わた＝綿花は五畿内から入った他に丹波《たんば》・備中《びっちゅう》・讃岐《さぬき》からも送られており、銀高にして六七〇五貫匁(金一一万一七五〇両)で、このうち七・五％の五〇三貫匁が綿花のまま他国に売り出された。九〇％以上の綿花は、大坂とその周辺で購入される。購入された綿花は、中に入っている種子を取り除く加工がなされ繰綿《くりわた》となる。繰綿は、北陸《ほくりく》・奥羽《おうう》・信濃《しなの》などへ荷送りされた。近国の紀伊《きい》・淡路《あわじ》などでは繰綿を仕入れ、糸を紡ぐ作業を施して、木綿の綛糸《かせいと》を生産し、これをまた銀三四三〇貫匁相当を大坂に出荷している。綛糸は木綿織物の原料となり、縞模様のある「嶋毛綿《しまもめん》」が大坂とその周辺で織られて、大坂から全国に銀七〇六六貫匁(金一一万七七六六両余)が売り出された。

「嶋毛綿」という完成品が販売されるまでに、大坂とその周辺地域では、原料の綿花を繰綿や綛糸にする一次加工・二次加工がなされ、付加価値を付ける労働に従事している人びと(女性生産者が多い)が存在していた。これらの人びとは農村部の居住者であっても、米の消費者であった。農業をするより製品加工の労働に生活の糧《かて》を得ていたのである。前述した大坂への大量の蔵米と納屋米は、酒造米として購入されたほかに、大坂町人や周辺農村部で木綿生産に携わった人びとにも消費された。なかには百姓身分で石高を所持し、年貢米を納める義務を持つ者でありながら、米を作らずに綿花などを栽培して換金し、年貢を納めるために米を購入する者さえ存在した。

問屋商人と経営の変質

全国的に農業生産が高まり、大量の商品が流通するようになると、それまでの商業経営のあり方や、取扱い商人の性格も変化を迫られることになった。以前のように商品量が乏しい時期には、前節で紹介した常陸国下館の中村兵左衛門家のように、地域間の価格差が大きく、稀少性のある商品を、遠隔地間において移動させるだけで、移動のコストを差し引いても、大きな利益を上げることができた。

元禄・宝永・正徳期には、全国各地で商品が生産され大量に流通されるようになると、離れた地域でも同一商品の価格の違いは小さくなり、全国どこでも単一価格の状態に一歩近づく。したがって、ただ単に商品を移動させる方法や、蔵に保管して季節を通し相場が上がるのを待つ方法では、輸送や蔵敷《くらしき》の経費を差し引けば、もはや利益が生まれなくなる。この時代になると、特産地である商品生産地から単品を大量に購入して、消費地で大量販売することで、一個の価格差＝売買差益が小さくとも利益を上げる方式が求められ始めた。

三都の問屋商人も、単品を大量に扱う専業問屋《せんぎょうといや》が主流となり、以前の多品種を取り扱う荷受問屋の数は減少していった。下館の中村家は、繰綿に限らず多品目の商品の中からその時々に儲けの出る物を求めて、大坂・江戸の荷受問屋を介して商品購入を行なっていたもので、荷受問屋は多品目を取り扱い、中村家から口銭を得るものであった。しかし次第に、木綿なら木綿だけ、紙なら紙だけを取り扱う専業問屋の数が増加し、その逆に多品種を取り扱う荷受問屋の数は減少して、大坂では正徳期を境にその数は逆転した。特定の商品を大量に売買することでしか、大きな利益が得られなくなった状況では、江戸・大坂・京都において、単品を恒常的に大量に扱う専業問屋に中心が移っていったのは当然の変化と言える。また、江戸の専業問屋が自己資本で商品購入し、直接仙台など東北に繰綿や古手《ふるて》(古着など)を販売するようになると、下館の中村家の販路は失われた。中村家は、繰綿から手を引かざるを得ず、周辺地域を対象に酒と醬油の醸造・販売に経営の中心を移した。

江戸の専業問屋は自己資本で購入した商品を大坂から江戸まで運送する場合、海難事故にあうと自己の損失につながるようになった。口銭だけを求める荷受問屋であれば、海難事故の影響は少ないが、自己資本の専業問屋は事故に際して有利に対応するため、元禄七年(一六九四)に十組問屋《とくみどいや》を結成した。米問屋・塗物《ぬりもの》問屋・畳表《たたみおもて》問屋・酒問屋・紙問屋・綿問屋・薬種《やくしゅ》問屋・小間物諸色《こまものしょしき》問屋が協同で、海難時の取り決めを菱垣廻船《ひがきかいせん》問屋との間で交わした。酒店組《さけだなぐみ》の問屋商人は、船足の早い樽《たる》廻船を利用するために、のちに十組からは離れた。このような十組問屋仲間の結成は、この時期の問屋経営のあり方の変化を端的に物語る事例であった。

生産地での変化

三都の問屋商人が多品種を扱う荷受問屋から単品を扱う専業問屋に、その中心を移したのと対応するように、生産地の荷主である商人も経営を変えていった。前述した越前和紙の産地今立郡五箇村は、寛文・延宝期に全国の他の地域に先駆けての紙生産販売によって大盛況となった。しかるに、全国的に紙の生産が活発化すると、正徳四年（一七一四）の大坂への移入では、中国・四国・九州地方などから紙が銀一万四四六四貫匁（金二四万一〇六六両余）も入津した。五箇村の販売にも陰りが見え始める。五箇村の商人内田《うちだ》吉左衛《きちざえ》門《もん》家は、紙の販売の外に多品目の商品を扱って遠隔地間の価格差を対象に大きな儲けを生み、元禄五年（一六九二）に金四三一八両だった店卸金は、宝永三年（一七〇六）には金八九七五両へと倍増している（図４－３）。

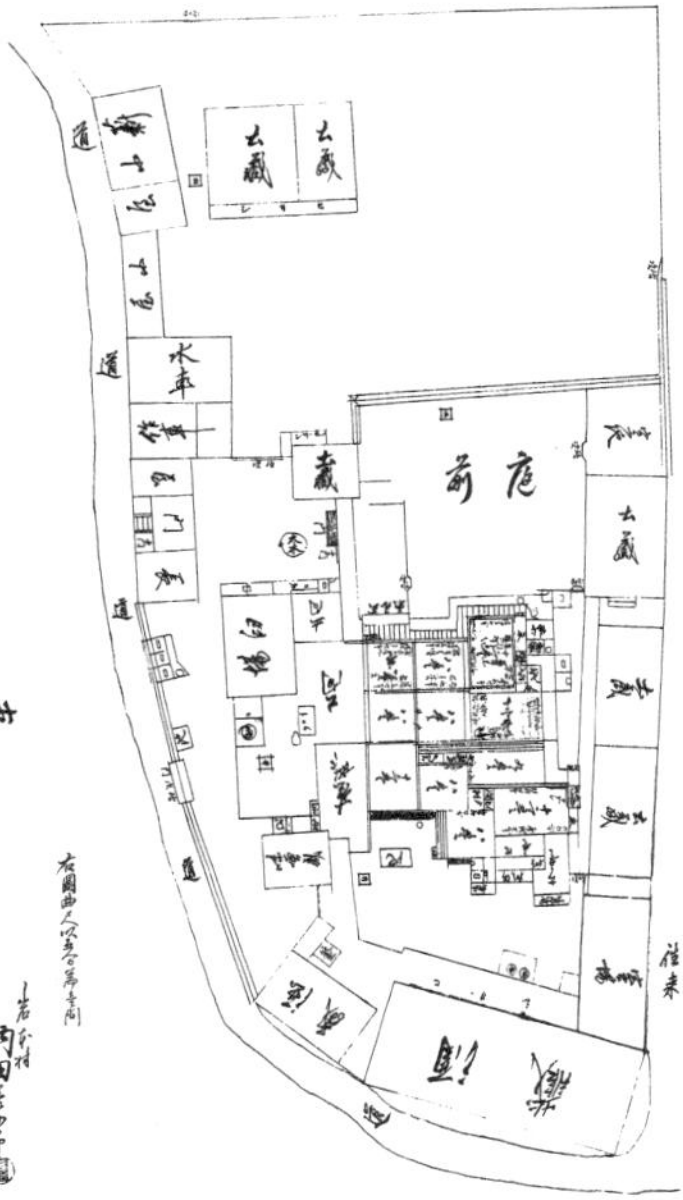

図 4-3　内田吉左衛門屋敷絵図．酒蔵，味噌蔵ほか 6 つの土蔵，前庭，裏庭を持つ．

しかしながらこの年あたり

を境にして、経営を変質させる。それまで行なってきた鉄や木材・塩など稀少性のある不特定の商品を有利な時期に購入して、地域間や季節間の価格差を目当てに利益を引き出す遠隔地間商業は、危険の伴う儲けの少ないものとなって手を引いた。これに代わって、現地と周辺地域で生産される紙と布の二品目を、恒常的に、しかも大量に購入して、江戸など三都の専業問屋に送る比重を高めて経営の中心に据えていった。しかも、集荷にあたっては享保期《きょうほう》(一七二〇年代)以降、漉屋たち小生産者との間に問屋制前貸しの関係を持ち込み、集荷を有利に進めた。

商品の購入から販売までの過程で、いかに合理化を図るかが課題になる状況となった。この時期に急成長した越後屋《えちごや》(三井家)たちは、織物など大量の商品を安価に集荷するため、上野国《こうずけのくに》などの生産地の荷主を買次商人《かいつぎしょうにん》化し、資本を前貸しするようになる。生産地の荷主は売買利益を得ることはできず、口銭のみを越後屋から受けることになる。このように集荷段階から合理化を進め、大量販売すなわち薄利多売の方式をとったのが越後屋であり、商品量の多くなったこの時代に合致した商業経営のあり方となった。

3　武家と公家の文化

華夷変態

寛文・延宝期(一六六一〜八一年)を中心にした時代は、幕藩制国家の諸制度や社会システムが確立した時代と一括《ひとくく》りにすることができよう。では、この時代の文化活動の特徴をどのように表すことができようか。一言でいえば、文化活動の担い手は、武家や公家・僧侶たちの支配層が中心であり、庶民層が担い手になるには、なお多くの時間を要した。

支配層にとって、東アジアの国際秩序の動静は、政治のみならず文化活動についても大小様々な影響を与えた。すなわち明清交替の中国大陸での動乱が強い影響を与えたのである。影響の一つ目は、中華として存在してきた漢民族による王朝の明が危機に瀕する中で、日本に亡命や渡来した人びとが、学問・禅宗・絵画などを直接に伝えたことである。その刺激は長崎や各地方に、中世期(鎌倉・室町時代)以来の、主に禅宗文化の土壌の上に強い影響を与えることになった。

影響の二つ目は、明朝が滅び清朝が成立したことで、明清交替の海外風説を編纂した書の題名に林家が用いた「華夷変態」の言葉に象徴されるように、夷狄《いてき》である民族(女真族＝満州民族)の清王朝を中華と見なさない意識が日本国内に芽生え、代わって日本を中華＝本朝と見なす意識＝日本型の華夷意識から発する文化活動が見られたことである。その担い手は、幕府や大名たちとその儒者《じゅしゃ》たちであった。日本型の華夷意識は、平安朝以来の朝廷を中心にした文化活動を浮かび上がらせることになるが、前述したようにこの時期、朝廷統制の基本的枠組みも再確立し、朝廷には大きな安定がもたらされたことから、公家たちを中心にする文化活動が勢いのあるものになった。

隠元と朱舜水

明清交替が日本に与えた影響に、黄檗宗《おうばくしゅう》を開いた明人隠元隆琦《いんげんりゅうき》の来日がある（図4-4）。一五九二年（万暦二〇）に中国福建《ふっけん》省福州府に生まれた隠元は、明朝が武力で制圧される様子を具《つぶさ》に見て慨嘆する中、承応《じょうおう》三年（一六五四）七月に、長崎の興福《こうふく》寺住持《じじゅうじ》や町人たちの度重なる懇請に応え、鄭成功の仕立てた船で二〇人余りを随従させて長崎に着いた。時に隠元は、齢六三歳を越えていた。そこから延宝元年（一六七三）に示寂《じじゃく》するまで二〇年間、隠元は日本を離れることなく、人びとに大きな影響を与えた。

長崎でしばらく過ごした後、明暦《めいれき》元年（一六五五）、隠元は摂津の普門寺《ふもんじ》に移る。当初幕府は隠元の渡来目的を図りかねていたが、高徳の僧に怪しむところなく、逆に明暦三年七月から毎月一五石の扶持米《ふちまい》を与えて支援した。万治《まんじ》元年（一六五八）、隠元は参府して将軍家綱をはじめ大老・老中らとも面謁の機会を持ち、以後諸大名や朝廷の天皇・上皇・公家たちのほか、他宗派の僧侶や町人など広範な人びととの交流を持った。

家綱政権は、あたかも宋の禅僧蘭渓道隆《らんけいどうりゅう》が執権北条時頼《ほうじょうときより》の知遇を得て建長寺《けんちょうじ》を開いたように、寛文元年(一六六一)、将軍の命により、隠元に山城国宇治《やましろのくにうじ》に寺地を与え開堂することを許した。これが黄檗山万福寺《おうばくさんまんぷくじ》である。寛文印知《かんぶんいんち》に際しては四〇〇石の朱印地が与えられ、山内堂舎の建築も進められた。

万福寺の末寺《まつじ》は、隠元の弟子と孫弟子によって各地に拡大していったが、これは九州から東北に至る諸大名の招請によることが多かった。たとえば孫弟子の鉄牛《てつぎゅう》は、老中稲葉正則《いなばまさのり》の招きで小田原に黄檗寺院を開創したほか、仙台でも伊達綱村《だてつなむら》の招請があって寺院を開基した。また椿海新田開発に関与して新しい村に寺院を開創したことは前述した。

図4-4　隠元像

このようにして各地に開かれた黄檗宗の寺院数は延享《えんきょう》二年(一七四五)の「延享末寺帳《えんきょうまつじちょう》」によれば一〇四三寺に上る。わずか八〇年間での急速な展開であった。隠元と黄檗宗に対する、この当時の支配層の支援の厚さが窺える。明からの高僧の渡来に対する家綱政権や朝廷・諸大名の特別の厚遇は何故であったのか、今後の検討が必要であるが、その結果として黄檗寺院や僧侶を通して信仰上のことのみならず、建築物・仏像・書道や絵画において、明の文化は広く社会に影響を及ぼすことになった。

朱舜水《しゅしゅんすい》についても触れておく。一六〇〇年(万暦二八)、中国浙江《せっこう》省に生まれ、明朝復興のために献身し長崎に援助を求めて六度渡航している。鄭成功が南京攻略した際にも従軍したが、敗北後の万治二年(一六五九)、長崎に七回目の渡来をし、そのまま二三年間日本に止まり天和《てんな》二年(一六八二)に没した。朱舜水の明朝に対する忠義は日本へも伝えられ、九州柳川《やながわ》藩の儒者安東省庵《あんどうせいあん》は心酔して援助を惜しまなかった。水戸藩徳川光圀《とくがわみつくに》も聞き及び、寛文五年(一六六五)に江戸に招き賓客として迎えた。徳川光圀を始め、水戸藩の学者や林家・木下順庵《きのしたじゅんあん》・山鹿素行《やまがそこう》にも大きな影響を与えた。

八　景

明からの渡来者がもたらした影響として、もう一例を加えることにする。近江八景や金沢八景の八景とは何か。もちろん八つの景色の意味だが、これは「瀟湘八景《しょうしょうはっけい》」という中国の景勝地を見立てたものである。ヨーロッパのアルプスに見立てて、北アルプスや南アルプスと日本の山岳を呼称するのは、ヨーロッパアルプスの秀麗に価値を置いてのことである。中国の長江《ちょうこう》中流の洞庭湖《どうていこ》に注ぎ込む湘江《しょうこう》と支流の瀟水《しょうすい》の流域一帯を「瀟湘八景」と称え、これを価値ある景勝地として、日本にも禅僧たちにより中世期から伝えられた。この「瀟湘八景」という異文化の価値に、琵琶湖周辺の湖水と寺院や山並みなどの風景を見立てて近江八景と呼び、近世初頭に歌人として名声の高かった後陽成《ごようぜい》天皇や近衛信尹《このえのぶただ》が和歌を詠んだことで、近江八景を景勝地として定着させることになった。

金沢八景はやや遅れて、林羅山《はやしらざん》や沢庵宗彭《たくあんそうほう》が金沢文庫《かなざわぶんこ》近くの入江を訪れ、その景観の素晴らしさを、「瀟湘八景」に見立てて称賛した。その後、水戸藩徳川光圀に招かれた明の禅僧東皐《とうこう》心越《しんえつ》が、金沢能見堂《のうけんどう》において金沢の八景を称える漢詩を詠んだことから、本場を知る明の禅僧によるお墨付きとなり、金沢八景の景勝地としての定着と権威付けに結び付いた。東皐心越は延宝五年(一六七七)、長崎に渡来した曹洞宗の禅僧で、隠元同様に明末の混乱が渡来の大きな理由となった。

国史編纂　明清交替の影響の二つ目に挙げた、明清交替を「華夷変態」と林家が捉えたように、日本を中華と位置付ける意識と連動した行為として、幕府は正史編纂事業である『本朝通鑑《ほんちょうつがん》』の編集を寛文二年に命じた。正史とは、『日本書紀《にほんしょき》』を始めとする六国史《りっこくし》のように、時の政府の国家事業として行なう歴史編纂である。江戸幕府が六国史を意識して最後の『日本《にほん》三代実録《さんだいじつろく》』に引き続く正史編纂を行なったのは、後の松平定信《まつだいらさだのぶ》政権の寛政五年(一七九三)、塙《はなわ》保己一《ほきいち》の和学講談所によって『史料』が編纂され始めてからのことで、『史料』編纂は明治政府に継承され、現在も『大日本史料』編纂事業として東京大学史料編纂所によって継続されている。松平定信政権は、近代国民国家に連なる国家観を持ち、朝廷をふくむ国家権力としての正史編纂の意識があった。

家綱政権の『本朝通鑑』編纂は、前代家光による『本朝編年録《ほんちょうへんねんろく》』編纂事業を受け継ぎ、幕府が日本の統一権力であることの証しとして修史事業を行なう主体であることを明示する意図から発した事業と理解される。前代の『本朝編年録』は神代・神武《じんむ》天皇〜宇多《うだ》天皇までを対象に、林羅山が中心になって編纂した。これを校合して用いた上に、『本朝通鑑』は、それ以降の時代である醍醐《だいご》天皇〜後陽成《ごようぜい》天皇の時代を、林鵞峰《はやしがほう》を中心にして、中国の司馬光《しばこう》による『資治通鑑《しじつがん》』にならって漢文編年体で編纂した。寛文四年(一六六四)から江戸上野忍ケ岡《しのぶがおか》の林家屋敷内に設けられた国史館で事業は進められたが、朝廷や公家からの文献・史料の提供は得られなかった。「国家」ならぬ「本朝」の歴史編纂事業は寛文一〇年に完成した。

『本朝通鑑』が漢文編年体であったのに対し、水戸藩徳川光圀が命じた『大日本史《だいにほんし》』の編纂は紀伝体の方式で叙述された。明暦三年(一六五七)、江戸駒込《こまごめ》の水戸藩別邸に史局が開設され、朱舜水も関わり、寛文一二年(一六七二)に小石川《こいしかわ》の上屋敷に移された史局は彰考館《しょうこうかん》と名付けられた。『大日本史』も神武天皇から後小松《ごこまつ》天皇までを対象にし、各天皇個人の伝記方式で漢文による叙述がなされた。特徴としては、大友皇子《おおとものみこ》を天皇として扱い、神功皇后を妃とし、南朝を正統とする歴史観が貫かれた。『大日本史』と命名される以前、編纂当初は「本朝の史記」と仮称されており、中国で『資治通鑑』に対して司馬遷《しばせん》が紀伝体による『史記《しき》』を著したのに倣《なら》い、かつ本朝意識も見られた。『大日本史』の名称は、水戸藩三代徳川綱条《つなえだ》時代に定まり、編纂事業の完了は一九〇六年(明治三九)であった。

朝廷文化

「華夷変態」によって中国文化が明滅亡とともに影響力を減じ、日本をこそ本朝として価値の中心におく意識が持ち上がってきたことは繰り返し述べた。おりしも幕府と朝廷は、協調関係に転じたこともあわさり、本朝文化を伝える朝廷の文化は、武家社会にも受容され浸透することとなった。幕府は「禁中 並 公家諸法度《きんちゅうならびにくげしょはっと》」で、天皇と公家に学問(中国の経史など)や和歌・有職故実《ゆうそくこじつ》を学ぶことを命じたように、中国古典は天皇・公家や武家に共通の学問対象であった。ところが今や、和歌・有職故実が武家の学ぶ対象ともなったのである。

和歌については、古今伝授《こきんでんじゅ》継承者である烏丸光広《からすまるみつひろ》が江戸に参向するたび、大名たちが和歌の添削を受けた。同様に中院通茂《なかのいんみちしげ》も和歌を家職にする家柄らしく指導的立場にあったが、多くの公家たちとともに武家たちもその門弟となって和歌の添削を受けている。伊達《だて》・黒田《くろだ》・鍋島《なべしま》などの大名や旗本たちであった。また、将軍綱吉の側用人として権勢をふるった柳沢吉保は、側室である町子《まちこ》の実家正親町公通《おおぎまちきんみち》をとおして、霊元上皇に和歌を進上している。有職故実については、装束を家職とする主に高倉家から吉良家などの高家が学び、諸大名に指導する役割を担った。

この時期、朝廷独自の文化として庭園（離宮）と植栽《しょくさい》に見るべきものがあった。桂離宮《かつらりきゅう》は、当時八条宮《はちじょうのみや》桂殿《かつらでん》と呼ばれていた。京都南西郊外の桂川《かつらがわ》の辺りに、元和《げんな》年間（一六二〇年頃）、八条宮智仁《としひと》親王と二代智忠《としただ》親王によって構想が練られたのちに造成が進められ、池と庭園を取り巻くように書院や茶屋などの建物が揃いだした。寛文三年に古書院・中書院に雁行《がんこう》するように新書院が新築され、後水尾《ごみずのお》上皇の御幸《みゆき》を受け、今日につながる優雅な姿を整えた。

後水尾上皇はその後一回訪れただけで桂離宮へは足が遠のいた。代わってしばしば訪れたのが、京都北東郊外洛北《らくほく》の岩倉《いわくら》・長谷《はせ》と修学院《しゅがくいん》であった。明暦元年（一六五五）、後水尾上皇は鹿苑寺《ろくおんじ》（金閣寺）の住持である鳳林承章《ほうりんじょうしょう》らと長らく構想を練ったうえで修学院への山荘（御殿）造営に着工し、寛文元年（一六六一）には下と上の茶屋が作られその間は松並木の小道でつながれ、下と上それぞれが池を持つ自立した建物群となった。特に上の茶屋の浴龍池と周辺庭園は舟遊びのできる雄大な景観であった。

後水尾上皇は、修学院御殿の八景詩（漢詩）を詠むように五山の長老に命じ、八景和歌を妙法院門跡《みょうほういんもんぜき》などに詠ませた。ここにも八景が一つの価値として登場する。完成後は、東福門院《とうふくもんいん》・明《めい》正《しょう》上皇と時には女三宮を伴って親子での御幸が楽しまれた。寛文三年の譲位後には後西《ごさい》上皇も同行している。

この時代の桂御殿と修学院御殿の造営は、それ以降の建築と庭園の分野における、揺るぎのない価値基準となった。また、両御殿を舞台に繰り広げられた和歌会や茶会など公家や僧侶たちの宴の世界に思いをはせることも必要であろう。

後水尾上皇の住まう仙洞御所《せんとうごしょ》の御庭・泉石などは寛永一一年(一六三四)に小堀遠州《こぼりえんしゅう》が将軍から命じられ設計したものであるが、常御殿《つねごてん》から前方に広がる芝地の向こうに花壇が設けられ、座敷から眺められたうえに、廊下伝いに近づいて鑑賞できるようにも配慮されていた。花壇には、椿《つばき》や牡丹《ぼたん》の花が植えられていたが、江戸城でも、椿・牡丹のほかに桜・つつじ・くちなし・山茶花《さざんか》が花畑に植えられていたことが確認されている。

なお大名も、廻遊式庭園の造設に力を入れ、水戸藩江戸屋敷の小石川後楽園は、明暦の大火後、寛文九年(一六六九)頃完成され、各処に朱舜水の影響がみられるものである。規模を縮小されながらも今日もその姿を伝えている点では、元禄八年(一六九五)に将軍徳川綱吉から柳沢吉保に与えられた下屋敷を、柳沢自ら設計し八年かけて成った庭園の六義園《りくぎえん》も同様に現存しており、付言しておく。

4　町人の文化

元禄文化

大坂道頓堀の竹本座で正徳五年(一七一五)に初演された「国性爺合戦《こくせんやかっせん》」が足かけ二年間にわたる空前の長期興行であったことを、本書の冒頭で触れた。近松門左衛門の戯曲の良さや、竹本義太夫の節回しの素晴らしさと、節に合わせた人形遣いも人気を博した理由だが、その背景には、大坂町人たちが木戸銭《きどせん》を払う浄瑠璃興行に足を運び続ける力を備えていたということがある。国内の生産力の増大は総人口を増やすとともに、文化活動の直接の担い手と、それを支持する人びとの数をも増加させた。前節で述べたように、それまでの文化活動を担ったり支えたりしたのは武家・公家・僧侶や上層町人のような裕福な富裕層であったが、元禄期以降の文化の担い手には庶民である町人や農民たちを登場させた。新たな文化活動の担い手たちである。

元禄文化という言葉から、すぐに思い浮かべることのできる人びと、たとえば文学の松尾《まつお》芭蕉《ばしょう》・井原西鶴《いはらさいかく》・近松門左衛門らを考えてみれば明らかなように、芭蕉が『奥の細道《おくのほそみち》』を完成できたのも、紀行の先々の各地方で芭蕉一行を支えた人びとの存在があってのことである。ただ、農民が自ら文化を創造する活動の主体になるのは、土着した旧武士のような一部の例外を除き、もうしばらく村落や農家のゆとり(余剰)の蓄積が必要になる。井原西鶴の『好色一代男《こうしょくいちだいおとこ》』や『日本永代蔵《にほんえいたいぐら》』『世間胸算用《せけんむなざんよう》』などを読者として支えたのは、大坂・京・江戸三都の町人たちであった。また、近松門左衛門の「曽根崎心中」や「国性爺合戦」などは、人形浄瑠璃や歌舞伎芝居の上演によって、庶民の爆発的な支持を得た。全国の農業生産力が上昇し、商品流通量が膨大に増え、流通の担い手である広範な町人たちが躍動する元禄の時代に、町人を題材にした西鶴や近松の小説や戯曲《ぎきょく》が受け入れられ支持されたのは自然のことであった。

歌舞伎興行

三都の庶民たちはそのエネルギーを、まず手近に開催された各種の興行に足を運んで発散した。能や狂言が武士の世界にとどまったのに対し、歌舞伎は庶民の演劇として発達し、江戸や上方《かみがた》に常設の芝居小屋がおかれた。

歌舞伎興行については、まず女性が演者となる女歌舞伎《おんなかぶき》が、幕府によって寛永六年(一六二九)に禁止されていた。これは、江戸の吉原《よしわら》、京都の島原《しまばら》のような公許の遊郭での、公娼制度を幕府が進めるために、女歌舞伎の女性役者の遊女的性格を否定する狙いのためであった。さらに幕府は、承応元年(一六五二)、若衆歌舞伎《わかしゅかぶき》を禁止した。女性がいなくなった歌舞伎芝居で、美少年の若衆の役者が男色《なんしょく》(衆道《しゅどう》)の対象となったことから、衆道ともども禁止するためであった。

　こうして現在につながる成人男子が演じる野郎歌舞伎《やろうかぶき》だけが、幕府の許可の下で興行を行なった。江戸の歌舞伎興行は、延宝八年(一六八〇)には座元《ざもと》となる家筋が決まり、中村勘三郎《なかむらかんざぶろう》、市村羽左衛門《いちむらうざえもん》、森田勘弥《もりたかんや》、山村長太夫《やまむらちょうだゆう》の四座体制が確立したと見られる。また京都の場合は四《し》条河原《じょうがわら》の芝居町に七座、大坂は八座の大芝居が形成され、たとえば京都南座《みなみざ》というように東西南北で表し、江戸のような座元名は用いなかった。江戸に勇壮な荒事《あらごと》を演じ好評を博した初代市川團十郎《いちかわだんじゅうろう》や、上方に和事《わごと》(恋愛劇)を得意とする坂田藤十郎《さかたとうじゅうろう》などの名優が出たことで、歌舞伎興行は人気を博していった。

　ところで江戸の四座のうち山村座は、正徳四年(一七一四)に起こった大奥女中絵島《えじま》と山村座役者の生島新五郎《いくしましんごろう》との遊興を咎《とが》めた「絵島・生島事件」によって断絶させられた。六代家宣の正室は近衛基熙《このえもとひろ》の姫の天英院《てんえいいん》(熙子)であったが、家宣の側室の一人月光院《げっこういん》が七代家継の生母であり力を持った。その月光院付の大奥年寄が絵島(三四歳)であり、下女を引き連れ、増上寺《ぞうじょうじ》への参詣にことよせ、木挽町《こびきちょう》の山村座に芝居見物に行った。桟敷《さじき》の前に御簾《みす》を掛け、生島新五郎などの役者を呼び酒宴に及んだもので、間部詮房《まなべあきふさ》と新井白石による大奥引き締め策によって咎めを受けた。絵島は信州高遠《たかとお》に流され、その地で二七年後に没し、生島は三宅島《みやけじま》に流罪となった。

幕府は、この機会に三座の座元と町名主《ちょうなぬし》を呼び出して、歌舞伎芝居の取締まりについての達しを命じた。すなわち、桟敷を二・三階に設けてはならないこと、すだれを掛けてはならないこと、楽屋などに通じる内証の通りを作ってはならないこと、芝居は夕方五時には仕舞い、夜分に明かりを灯《とも》して演じてはならないこと、芝居小屋近くの茶屋の営業を簡素にすること、などが命じられた。それまで行なわれていた実態が窺えるとともに、かほどに江戸の人びとの遊興が進んでいたことにも気付かされる。

相撲興行

人びとの娯楽要求の強さはまた、今日につながる相撲興行《すもうこうぎょう》を軌道に乗せた。元禄七年(一六九四)七月、辻相撲《つじずもう》禁止の町触れが出された。真夏の夜、広小路《ひろこうじ》の四つ角に、狭い裏長屋などから、連日人びとが群参して相撲を取っているが、前々より相撲は固く禁止であるという内容の触れである。このような四辻《よつつじ》や広小路での相撲の禁止令は、これ以前、慶安元年(一六四八)二月、寛文五年(一六六五)六月、さらに貞享四年(一六八七)七月、元禄三年(一六九〇)七月の後、右に述べた元禄七年に続く。その後も、元禄一六年七月、宝永四年(一七〇七)七月、享保四年(一七一九)七月、享保五年六月まで、ほぼ同内容の辻相撲の禁止が触れられている。どれもこれも夏に出されているのが特徴的で、頻繁な禁止令とその内容は、この時期の人びとの娯楽要求の盛り上がりと熱気を伝えるのに十分なものがある。

相撲は、江戸時代の前期までは武士(大名)の屋敷内で、奉公人(足軽《あしがる》や水手《かこ》など)のなかの力強い者たちに、大名の御前《ごぜん》で取らせ、武士たちが楽しむものであった。これに対して、庶民が自然発生的に行なった辻相撲同様に、勧進相撲《かんじんずもう》も原則的には禁じられてきた。寺社の修築や橋の架け替えなど、公的な名目を立てた勧進相撲の願いが寺社奉行になされても、容易には許可されなかったのである。

しかし、夏の夜分に繰り返される辻相撲を、治安上の対策からも厳禁したい幕府は、勧進相撲興行についてはこれを許可して、庶民の娯楽要求に応えざるを得なくなった。京都において元禄一二年(一六九九)、岡崎村天王社《てんのうしゃ》修復のための七日間の勧進相撲興行願いが、京都町奉行によって許可された。その後も、寺院や神社修復や往還の橋の修復、あるいは宿駅《しゅくえき》の人足《にんそく》の困窮救済のためといった名目に対して、京都町奉行は元禄一二年から正徳六年(一七一六)の一七年間に、一七件の勧進相撲を許可している。

江戸でも、元禄一五年五月、柳川文左衛門《やながわぶんざえもん》・中川浅之助《なかがわあさのすけ》の両名が願い出た深川八幡社《ふかがわはちまんしゃ》境内での勧進相撲に対して、寺社奉行は晴天八日間の開催を許可した。これを手始めに、同年は四回の勧進相撲を、翌元禄一六年は三回、宝永元年(一七〇四)は四回、同二年は二回、同三年は三回と、この五年間に都合一六回の勧進相撲を、幕府は許可している。ただし元禄一六年七月の中川浅之助と玉岡所右衛門《たまおかしょうえもん》が願い出て許可された勧進相撲は、「相撲のもの間違い興行なりがたき旨断り候」との理由で取り下げられた。また宝永二年二月の興行も「相撲のもの間違い興行成りがたきに付、差延ばしたき旨」を申請して許可され、二か月後に順延された。つまり勧進相撲の興行主体(申請者)と「相撲のもの」とが別々に独立した存在であったことを窺わせる。

この江戸の勧進相撲申請に、しかるべき名目が立てられていたかどうかは確定できないが、宝永四年正月に出来山峰右衛門《できやまみねうえもん》と大竹市左衛門《おおたけいちざえもん》が勧進相撲を願い出たとき、名目は「為渡世」と記されるようになった。しかも寺社奉行の専決で、渡世のための勧進相撲が許可されたのは、宝永四年の五回をはじめその後四年間に都合一六回もの多きを数え、申請はことごとく許可された。「相撲のもの」たちが勧進相撲興行によって渡世を送ることのできる渡世集団として軌道に乗ったものと考えたであろう。

柳川文左衛門や中川浅之助のような、いわば興行師が相撲のものを集めて幕府に勧進相撲を申請する形態であり、後の相撲上がりの年寄が興行主体になる姿の前段階ではあるが、江戸の町にも勧進相撲興行が行なわれるようになった。庶民の辻相撲を通した娯楽要求の強さが、武士だけの楽しみであった相撲を、庶民にも広げたのである。

第五章　「構造改革」に挑む——享保の改革

1　吉宗政権の初期政治

徳川吉宗《よしむね》が紀州《きしゅう》藩主となった宝永《ほうえい》二年(一七〇五)から一一年間にわたる藩政改革により、藩財政は好転し、和歌山の元方御金蔵《もとかたごきんぞう》に、金一四万八八七両余と米一一万六四〇〇石を蓄えるまでになった。この足かけ一二年の紀州での藩政と改革を主導した経験は、やがて将軍としての政治に大いに役だったに違いない。一五代の徳川将軍の中で、藩政改革を実践したのは唯一この吉宗だけであった。

権力機構の特徴

正徳《しょうとく》六年、改元して享保《きょうほう》元年(一七一六)五月、将軍職を継いだ徳川吉宗(図5-1)は、紀州藩時代の家臣都合二〇四名を、一〇年間で徐々に江戸に引き移し幕臣として登用した。五代綱吉の館林《たてばやし》藩神田御殿家臣団、六代家宣の甲府《こうふ》藩桜田御殿家臣団に引き続く大名家臣団の幕臣化である。特に将軍側近は、享保三年には江戸城御側衆《おそばしゅう》の五人中二人が、小姓《こしょう》は一六人中一六人が、小納戸《こなんど》は三八人中三八人のすべてが紀州藩士から幕臣となった者たちであった。将軍の身の回りの世話をする近習《きんじゅ》の小姓と小納戸は一新されたことになる。

前政権の側用人間部《まなべ》詮房《あきふさ》・本多《ほんだ》忠良《ただなが》や儒者新井白石を罷免する一方で、享保元年五月、吉宗は御側御用取次《おそばごようとりつぎ》(以下、御用取次と略称する)の役職を新設した。御用取次は吉宗の権力機構の特徴と言えるもので、将軍からの各種の諮問《しもん》に答えるほか、将軍と老中の間の取次ぎを行なった。吉宗からの信頼の厚さが前提になるこの役職には、紀州時代の年寄(家老)小笠原胤次《おがさわらたねつぐ》と御用役の有馬氏倫《ありまうじのり》・加納久通《かのうひさみち》の三人があてられた。小笠原が翌年隠居したので、残りの二人が吉宗政権を支える御用取次として、人事も含めた政策全般にわたって機能した。将軍の諮問に答えるために、御用取次は各種の情報収集が必要になるが、そのために紀州藩から移った「広敷伊賀者《ひろしきいがもの》」一六名を用いた。これが享保一一年から「御庭番」と呼ばれ、役人の風聞や世間の雑説、地方の災害や飢饉《ききん》の実態調査などを行なった。

図 5-1　徳川吉宗像

享保期の権力機構は、御用取次と三奉行が中枢を担い、その下で実務官僚が政策を実践するという性格のもので、譜代門閥《ふだいもんばつ》大名である老中による合議制の政治は、五代綱吉政権の側用人政治以来、吉宗政権においても、実質的な政策決定の主体にはならない状態にあったと見ることができる。ただし、吉宗は水野忠之《みずのただゆき》を勝手係老中に享保七年から同一五年まで登用するが、その期間も将軍と御用取次のラインに主導権はあった。

初期の政策

吉宗は改革を推し進める前に、まず前代の新井白石が中心に行なった政治の是正から始めた。享保二年(一七一七)三月、将軍襲職後の代始めの「武家諸法度」を発布した。六代家宣の「武家諸法度」が、白石によって全面的に改定されたことは前述した。これを吉宗は再び五代将軍綱吉の発布した「武家諸法度」に、一字の修正もなく復したのである。前代の白石を否定する意味とともに、内容的にも儒教色の濃厚であった文体を改める意図を持っていた。吉宗は、享保元年に早くも鷹場《たかば》管理の鳥見役《とりみやく》を再置し、江戸より五里の地域を鷹場として復活していたが、「武家諸法度」発布の二か月後に実際に鷹狩《たかがり》を行なった。武威の復活を心中に期するところからも、「武家諸法度」を改訂したものであろう。

また、新井白石が問題にして改めた「日本国王」号についても、朝鮮通信使を迎えるにあたり吉宗は、天和《てんな》の旧例により朝鮮国から日本への宛所《あてどころ》を「日本国大君」に戻させ、接遇も旧に復して厚いものに改めた。こうして享保四年、朝鮮通信使一行四七五人を迎えた。

吉宗政権の初政においては、以上のように前代の政治を改めて、新政を訴えるだけではなかった。白石の「正徳新例《しょうとくしんれい》」を吉宗は継続した。老中たちは、貿易制限によって唐物《からもの》の入荷が減少し物価騰貴を招くことや、抜荷《ぬけに》を誘発することから、「正徳新例」の撤廃を要求した。これに対し、吉宗は御用取次加納久通を通して、長崎奉行に貿易の実態調査を命じ、「正徳新例」が金銀流出を抑止する効果を持つことや、貿易の実情に即していることを確認して、貿易制限の継続を認めた。

また、入港許可証である信牌《しんぱい》を持たぬ唐船《からふね》によって抜荷が増加したことから、日本側で呼応して抜荷商品を購入して儲ける行為の禁止を享保二年に命じた。さらに、実力で唐船を追い払う策をとり、豊前《ぶぜん》・筑前《ちくぜん》・長門《ながと》の諸大名に唐船追放を命じた。享保五年、小倉《こくら》藩小笠原《おがさわら》家の家臣は沖の唐船に乗り込み、中国人を生け捕り懲《こ》らしめ帰国させた。抜荷が横行していたものを、これを実力で取締まらせた吉宗政権の、前代とは異なる権力の執行のさせ方や威力の違いを見出すことが可能であろう。

吉宗政権が「正徳新例」とともに前代の政策を引き継いだものに、正徳金銀の発行がある。享保三年閏一〇月に、翌年を限りに乾字《けんじ》金《きん》(宝永金)の通用を禁止し、元禄金の正徳金への引換えも翌年限り、乾字金の引換えは五年間に限ることにして、正徳金に一本化することを命じた。

全国の統治

吉宗政権は前政権の通貨・貿易という、全国統治権力としての幕府の政策を引き継いで、幕府という権力の一貫性を示したが、ほかにも日本国総図の作成を享保二年(一七一七)八月に命じた(図5-2)。幕府は綱吉政権下で元禄の国絵図《くにえず》・郷帳《ごうちょう》の徴収を命じ、提出された国絵図を組み合わせて日本国総図を元禄一五年(一七〇二)に作成したことをすでに述べた。一五年後のいま、日本国総図の作成を、吉宗があえて命じた意図はどこにあったのであろうか。

一つは、元禄の日本国総図に図形の歪《ゆが》みがあることから、暦算家である建部賢弘《たけべかたひろ》に精度の高い編集作業を行なわせるところにあった。離島絵図も含め享保一三年に最終的に完成した。吉宗の意図の二つ目は、三代家光と五代綱吉が国絵図と日本国総図を作成させたように、吉宗も幕府権力が支配統治する離島を含めた国家の全域図である国絵図と日本国総図の作成を命じることにより、全国統治者としての立場を明示する意図を持ったものである。しかし、一五年前の元禄の国絵図が紅葉山《もみじやま》文庫に全図保管されていたことから、吉宗は日本国総図に限って作成を命じたものであろう。

同じ理由で、国絵図と一対の郷帳の提出は命じられなかったのだが、しかしそれ以上に国家統治を示すにふさわしい全国の戸口調査と面積の調査を、享保六年六月に吉宗は命じた。「版図」の言葉のごとく地図と戸籍を作成させることで、土地と人民の支配を明示する東アジアの国家統治者の伝統的な方式を吉宗もとったと言える。今回の調査は面積(町歩)について郡単位

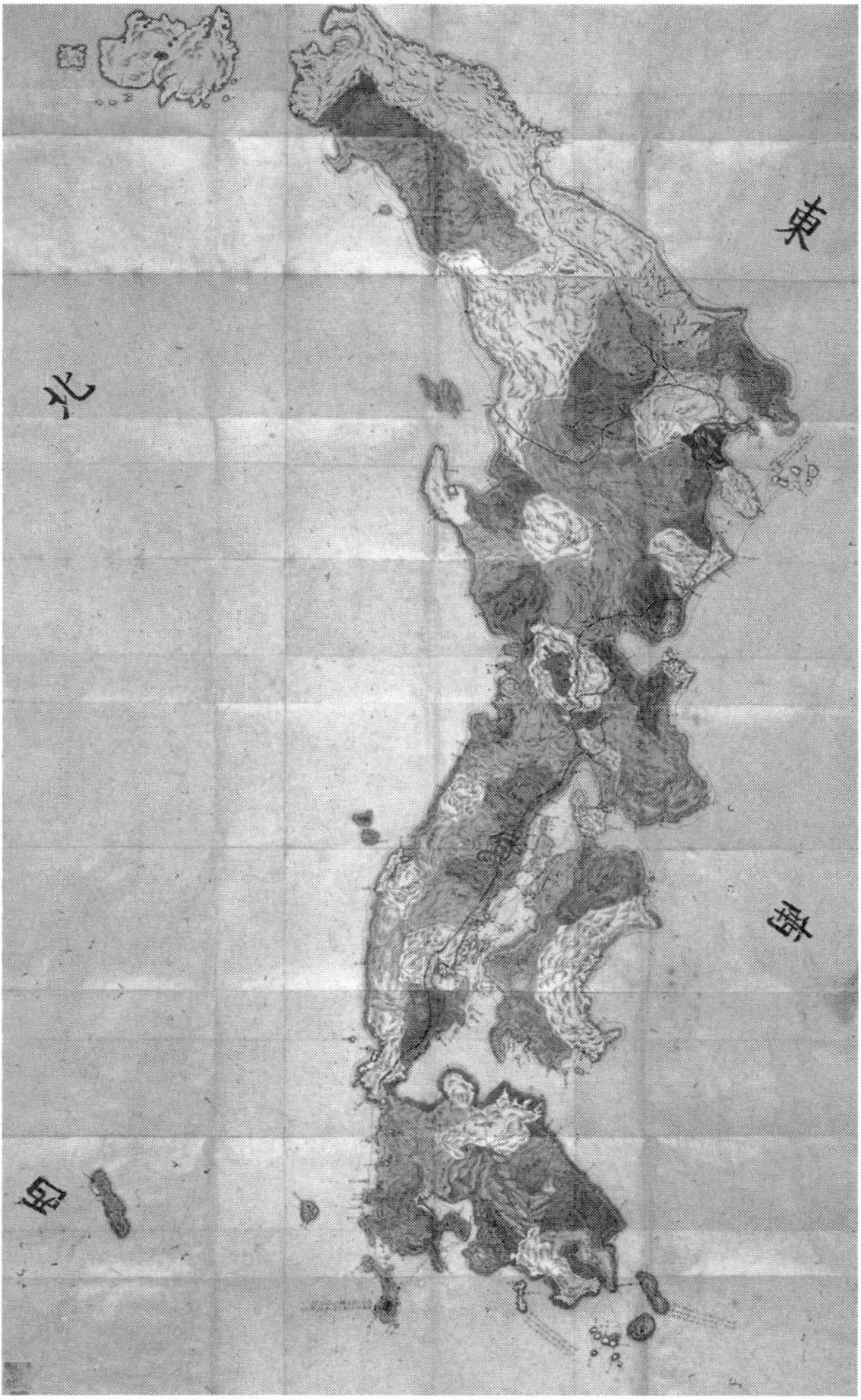

図 5-2　享保　日本国総図

さらに国単位に集計し掌握するもので、郷帳が石高(生産高)を村単位・郡単位・国単位で集計したのと異なる。また、戸口については、武士を除く百姓・町人・社人・男女僧尼など、身分別に領域単位で集計して全国の人口の掌握を図るというものであった。人口調査はその後、享保一一年(一七二六)午年《うま》に再び命じられ、しかも今後は午年と子年《ね》、六年ごとの子午《しご》の年に継続して行なうように命じ、弘化《こうか》三年(一八四六)の午年までこの人口調査は実施された。

享保四年六月、吉宗政権は朝鮮通信使を迎えるにあたって、使節一行が街道を通行する際に必要とする人馬について、通《とお》し日雇《ひよう》を用いてその費用を幕府が立て替えた後に、主に通行路にあたる畿内から武蔵《むさし》にかけての一六か国の百姓に、高一〇〇石につき金三分余の国役金《くにやくきん》を課して徴収した。

街道の宿駅制度は、宿ごとに人馬を付け替える制度であった。これに対し、通し日雇は出発の際に荷を付けた人馬が、そのまま江戸まで付け通すもので、従来の宿駅周辺の一部の助郷《すけごう》村々の疲弊を招く負担方式を改め、幕領・私領を問わず領主単位を越えて一六か国に均等に負担を課すものとなった。この方式はその後の朝鮮通信使来日の際にも同様にとられた。朝鮮通信使は江戸時代にあって唯一の国家使節であり、その応接を国役《くにやく》で負担するのは、名目的には理由が成り立つ。

翌享保五年に、吉宗政権はいわゆる国役普請令《くにやくぶしんれい》を発した。河川の土木工事（普請）は江戸時代の前半期には、領主が農民を夫役《ぶやく》（年貢とともに義務）として徴発し、普請人足《ふしんにんそく》に用いて行なった。今回の国役普請令では、河川工事を町人に請け負わせ、その町人が人夫を集めて工事を実施し、その費用を国役金で周辺農民に負担させる方式である。

たとえば利根川《とねがわ》の普請を行なう場合、費用の九割を武蔵・下総《しもうさ》・常陸《ひたち》・上野《こうずけ》・安房《あわ》・上総《かずさ》六か国の農民に、国役として負担させ、一割を幕府が負担した。利根川流域の村々が領主単位で普請を行なおうとしても一部に止まり、河川全体には及ばない。そこで、幕領・私領を問わず広範囲の河川普請を町人に請け負わせ、国役金で賄《まかな》う方式を実施させたものである。ただし、一国一円を支配する国持大名《くにもちだいみょう》や二〇万石以上の大名はこれまで通り自普請《じぶしん》とする、と命じている。この国役普請制度は、以後も恒常的に施行された制度である。請け負った町人が、編成できる労働力の存在が前提となって可能な制度である。つまりは、農業から離れた浮遊労働力の一定の集積が想定される。

吉宗政権の個別領主を越えた全国統治権力としての性格は、享保七年（一七二二）七月に出された新田開発令にもよく示されている。七月二六日、江戸日本橋に高札《こうさつ》が立てられ、新田開発が奨励されたもので、開発の対象地として、まだ開発のされていなかった「山野または芝地など、あるいは海辺の出洲内川の類、新田畑になるべき処」は、幕府より開発を命ずる、しかしながら「私領一円の内に開くべき新田は」幕府よりの構いはないと通達した。言い換えれば、山野・原野・河川・湖沼などの未開発地は、個別の領主権が及ばない地域であり、それらを開発した新田は、これまで同様に幕府領となる原則を明示した。

2 吉宗の財政再建

支出の抑制

吉宗政権が直面した最大課題である幕府の財政再建は、大きく二つの方策がとられた。単純に言えば、一つはいかに支出を削減するかであり、もう一つはいかに増収入を図るかである。本格的な改革に乗り出すのは享保七年(一七二二)からであるが、この改革を行なう前に当時数多くの公事《くじ》(訴訟)を取り扱って繁忙であった幕府の役人の手を空け、機構が十全に機能するように、「相対済し令《あいたいすましれい》」を享保四年に発した。

相対済し令というのは、貸借訴訟(金公事《かねくじ》)を評定所《ひょうじょうしょ》では今後受理せず、金公事当事者間の相対で済ますようにという法令であった。これは旗本・御家人が負債を多く抱え、これを救済する策であるとの解釈もなされるが、じつはまた、金公事訴訟の山積みで繁多となっていた評定所の事務を軽減して、今後の財政改革に備えるものでもあった。

支出削減のために、まず倹約が図られた。近年は風水の損耗《そんもう》が続き幕府御蔵への納め方が不足しており、旗本たちの御給米金の渡し方や諸商人への御払い方まで遅滞しているという状況を説明した上で、幕府勝手向きの出費を減らすことが厳命された。細々とした調度品の贅沢をいさめる類の倹約のほかに、元禄以来財政窮乏の原因となった寺社造営に関して、一年間の寺社修復費を一〇〇〇両に限定した。

また「足高《たしだか》の制《せい》」という制度も享保八年(一七二三)に制定された。この制度は、役人として任官中その役職にある期間だけ俸禄《ほうろく》を足して、その役職を辞めた後は足した禄高《ろくだか》を除いてもとに戻すという制度である。足高の制を始める以前には、役職が上がると俸禄が加増され、役を辞めた後も加増されたままの俸禄が継続した。足高の制で支出の抑制を図ったものであるが、この制度が始まると、有能ではあるが家格が低く小禄であるため、重要な役職に就けたくとも、加増をはばかるため行なえなかった人材の登用が、図れるようになった利点も存在した。

上米の制

享保七年七月に「上米《あげまい》の制《せい》」が始められた。吉宗としては財政再建のために、やむにやまれず、かなり思い切った方法に出たものである。吉宗の認識する財政窮乏の要因は、人件費の増大である。五代綱吉・六代家宣・八代吉宗と三代にわたって大量に幕臣が編入されたことによって、切米《きりまい》・扶持米《ふちまい》が増加し財政負担が増した。そのため、同七年は切米などを渡せない状態になっている、このままでは、御家人を数百人召し放つよりほかなくなるとの認識に至った。

そのため、前代には無かったことだが「御恥辱を顧みず」万石以上の面々から、高一万石につき米一〇〇石の積《つも》りで米を上納するように命じた。その代わり参勤交代《さんきんこうたい》での在府期間を半年にするので、ゆるゆる休息するようにと伝えた。また、「上米の制」実施中は、大名に手伝普請を課すことも中止した。大名からの上米は、大坂蔵でも江戸蔵でも勝手次第で、上米を春夏二回に半分ずつ納めるように命じた。上米の年間総額は一八万七〇〇〇石余に上り、切米・扶持米総額の半分に相当する効果があった。

しかし「御恥辱を顧みず」とあるように、吉宗政権にとっては大名たちに対する大いなる後退を意味した。改めて言うまでもなかろうが、将軍と大名との主従関係の根幹は、将軍からの知行宛行《ちぎょうあてがい》という御恩《ごおん》に対して、大名は奉公《ほうこう》(①戦時における軍役、②戦時に準じた将軍の上洛や日光社参への供奉《ぐぶ》、③平時における参勤交代と江戸での勤め、④手伝普請など)を果たすことで、両者の関係が取り結ばれることであった。①②のない泰平の時代にあって、武威を後退させ続けてきた五～七代将軍でも、③④の参勤交代の半減や手伝普請を中止させたことはなかった。いかに幕府財政を立て直すためとはいえ、吉宗政権がとった「上米の制」は、将軍と大名の主従関係を揺るがす、急場しのぎの増収策であったと言えよう。

新田開発

本来の財政の再建策は、抜本的な収入増加を目指すことであるはずだ。その方策として、吉宗政権は積極的な新田開発策をとった。新田開発は第四章で述べたように、寛文延宝期を経て元禄期には開発可能な地域は行き渡り、もはや飽和状態に近づいていた。寛文六年(一六六六)に「諸国山川掟《しょこくさんせんおきて》」が出され、開発至上主義が転換され、本田畑維持に考え方が移ったままの状況が続く中、あえて吉宗政権は享保七年(一七二二)に新田開発を奨励したのである。吉宗の財政再建にかける意気込みが伝わってくる。

しかし、開発可能な地域は残されていたのであろうか。従来不可能とされた地域を開発するためには、これまでにない技術と構想が求められるのであろう。紀州藩士で幕臣に編入された井沢弥惣兵衛為永《いざわやそべえためなが》ら、地方巧者《じかたこうしゃ》と呼ばれた技術者たちが、指導にあたったことが成功に導いた要因となった。

この当時の新田開発の著名なものに、「飯沼《いいぬま》新田」「紫雲寺潟《しうんじがた》新田」「武蔵野《むさしの》新田」「見沼代用水《みぬまだいようすい》新田」などがある。「飯沼新田」は、利根川と鬼怒川《きぬがわ》の合流点北西部にある飯沼という湖沼を干拓してできた新田で、反別一五二五町歩余、石高一万四三八三石で三一の新田村落が誕生

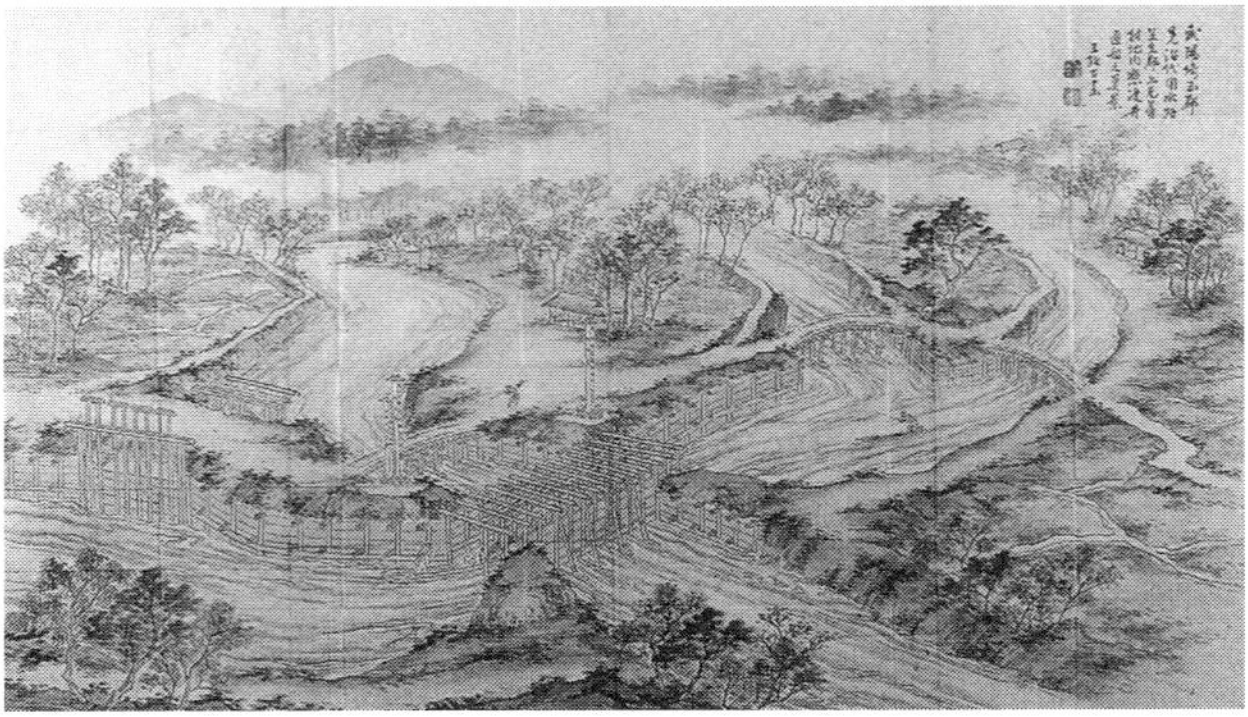

図 5-3　見沼代用水，掛渡井の図．左から右上へ流れる水は中央の掛渡井で立体交差する．

した。「紫雲寺潟新田」は、越後国新発田《えちごのくにしばた》の西側に位置した海跡湖である紫雲寺潟を干拓したもので、反別一六五〇町歩、石高一万六八〇〇石余で、四二の新田村落が誕生した。「武蔵野新田」は、大岡忠相《おおおかただすけ》の配下の地方巧者たちが関わって、多摩《たま》郡に四〇新田、新座《にいざ》郡に四新田、入間《いるま》郡に一九新田、高麗《こま》郡に一九新田を開発した。都合八二か村、石高一万二六〇〇石余で、いずれも畑作地であった。「見沼代用水新田」は武蔵国(埼玉県さいたま市)にあった見沼と呼ばれる湖沼を干拓した新田であり、それまで見沼を用水源としていた村々に、代わりとなる用水を、利根川の右岸から取水して流す工事も行なったものである。井沢弥惣兵衛の土木技術が生かされたもので、新たな用水路(見沼代用水)を引く工事では、足立《あだち》郡上瓦葺《かみかわらぶき》村で既存の河川をまたぐように掛渡井《かけとい》と呼ばれる施設を作り、二本の河川を立体交差させた(図5―3)。見沼の干拓と見沼代用水によって一四万九〇〇〇石の新田が生まれた。

これらの新田開発の結果、幕領の総石高は享保七年(一七二二)頃約四〇〇万石であったものが享保一五年頃には約四五〇万石となり、五〇万石の増量となった。

年貢増徴

幕領の耕地面積を新田開発によって拡大したのみならず、そこから徴収する年貢量を増加させる政策も、吉宗政権は推進した。年貢増徴策では、三通りの方法が考えられた。一つは、定免法《じょうめんほう》の採用である。二つは、有毛検見法《ありげけみほう》の導入。三つは、三分の一銀(金)納法による増徴策であった。

定免法は、それまでの検見取法《けみとりほう》がその年の作柄《さくがら》を見分して決定していたものを改め、一定の年貢率に定めたものである。検見《けみ》に訪れた役人に対し、接待をする村方の負担をなくし、賄賂《わいろ》によって年貢率を下げるという弊害もなくなった。だが享保七年(一七二二)に定免法を施行した際、年貢率を上げて幕府が増収を図った点も見逃せない。

有毛検見法は、定免法の補強策として享保七年頃に登場し、寛延《かんえん》二年(一七四九)に勘定奉行神尾《かんお》春央《はるひで》が全国的に実施したものである。それまでの検見法は、幕初以来の石盛《こくもり》(上田は反当《たんあたり》一石五斗)を基準にしたが、有毛検見法ではこの当時の生産力の上がった実勢に基づいた年貢量を命ずる方式をとった。

三分の一銀納は、畿内や西国で実施された。この地方の幕領では田方で畑作し、木綿や菜種などの商品作物を作っていた。年貢米をわざわざ購入して納める地域もあり、当初より三分の一は銀納させる方式をとった。その際幕府は、銀納の換算率を引き上げて年貢増徴に結びつけた。

以上の年貢増徴策によって、享保九年(一七二四)から年貢収納高は上昇し、享保一二年は同六年の二倍を超える収納高になった。

農民一揆

吉宗政権にとっては、財政再建のための年貢増徴策であっても、生産者農民からすれば搾取《さくしゅ》の強化である。自分の手元に余剰を残すどころか、再生産に必要な部分まで徴収されれば、借金をしてしのぐほかなくなる。その際、田畑を質に入れて担保にするが、返済が滞り質地を流し、質主に田畑が集積され地主となる一方、質地を流した生産者は小作人になる。このように、各地において質地地主と質地小作人の関係が生まれていった。

生産者農民が身近なところで借金をして年貢納入するのは、一時しのぎでしかなく、抜本的には年貢増徴策に対して、一揆《いっき》による抵抗を試みる場合があった。一揆件数は、享保期に明らかに増加した。一六九一～一七〇〇年の一〇年間で四一件であった一揆の数は、一七一一～二〇年に七三件、一七二一〜三〇年に七一件、一七三一〜四〇年に八六件と増加した。しかも、一揆の中身は、寛文期に見られた越訴《おっそ》や愁訴《しゅうそ》という、上級領主に村の代表者が上訴する方法は採られず、力による打ちこわしが増加したことも特徴的で、村落内に地主と小作の対立関係が生じたところでは、一丸となって上訴することは難しい状況になったことにもよる。このことは全国的な傾向ではあるが、特に幕領各地での一揆が多く見られたことは、年貢増徴策との因果関係を見出すことができる。

主な一揆のいくつかを紹介しよう。享保五年(一七二〇)、会津《あいづ》の幕領農民が起こした一揆(会《あい》津御蔵入騒動《づおくらいりそうどう》)は年貢搾取の厳しさを江戸に出訴したもの。農民側は六人の死刑者と三八四人の処罰者を出したが、代官《だいかん》と郷頭《ごうがしら》も処分された。享保七年四月には、幕府が「質流れ地禁止令」を触れ、田畑の質流れを禁止したことから、これを「徳政」と誤解した農民が、質流れとなった自分の田畑を金主から取り戻そうとして、越後国頸城郡《えちごのくにくびき》高田《たかだ》周辺四九か村の幕領農民が金主に質地返還を要求した騒動が同年一〇月に起こった。出羽国村山郡《でわのくにむらやま》長瀞《ながとろ》村でも大きな一揆が起こり、いずれも幕領代官のいる陣屋の兵力では鎮圧できず、高田《たかだ》藩や山形《やまがた》藩・新庄《しんじょう》藩の武力に頼った。

「質流れ地禁止令」は誤解を生みやすいことから、幕府は享保八年八月、同令を撤廃した。

つまり質地地主の存在を、幕府は体制的に容認したのである。太閤検地《たいこうけんち》以来、領主と農民の間の中間搾取を否定してきた原則を覆し、中間の地主の存在を公認したのである。地主制度はこれ以後全国的に展開し、明治時代以降も我が国の社会を規定する制度となっていった。

一揆はその他の地域でも、享保一〇年に但馬国朝来郡《たじまのくにあさご》で、享保一一年に美作国勝南郡《みまさかのくにしょうなん》で、享保一六年に但馬国生野《いくの》銀山付村々で、三分の一銀納の率を上げようとした代官に反対する一揆が起こった。さらに奥州伊達《おうしゅうだて》・信夫《しのぶ》両郡五四か村の幕領村々が、享保一四年に年貢減免を要求して、二本松《にほんまつ》と福島の両城下町に強訴《ごうそ》した。二人の死刑者を含む多数の犠牲者を出したが、農民の要求した年貢減免は認められた。

享保一九年、幕府は打ち続く幕領一揆に対して、代官のいる陣屋の兵力では手に負えないことから、近隣の藩からの出兵を要請し、動員できる法令を出した。公領・私領ともに協力して農民一揆にあたらざるを得ないほどに、農民一揆の規模は広範囲にわたり、かつ実力行使の度合いも増した。幕府も藩もこぞって協力し、共通の鎮圧策をこの時から取るようになったのである。

日光社参

財政再建の目途《めど》が立ったとの判断が、将軍吉宗に持たれたのであろう。享保一三年(一七二八)四月、吉宗は六五年ぶりの日光社参を挙行した。寛文三年(一六六三)、幼将軍であった四代家綱が二三歳となり、自らの成長した姿を日光社参の挙行で示し以後の政策展開のきっかけにしたことは、第二章で述べた。あの時以来の日光社参を、いま吉宗が六五年ぶりに行なおうというのである。吉宗の意図はどこにあったのか。

「上米の制」は財政再建に直結する方法ではあったが、恥辱と感じていたように、大名と将軍との間の主従関係において、将軍側の後退、大名に対する大いなる妥協であった。これまでの七年間の恥辱をはらい、将軍側の後退傾向をはねかえし、武威を復活させる起死回生策が、日光社参の挙行であった。日光社参は、東照宮に参詣することが目的ではあったが、将軍にとって重要なことは、大軍事演習でもある社参で、武家の棟梁として軍事指揮権を振るい、主従関係を確認することであった。

四月一三日、江戸城を出発した軍勢は、軍役《ぐんやく》規定に基づき、一〇万石以上の大名は旗五本・槍七〇本・弓三〇張・鉄砲一〇〇挺・馬上四〇騎の供奉《ぐぶ》が義務づけられ、三〇〇〇石の旗本・御家人まで、石高に応じて編制された。江戸城を出発する際、先頭から最後尾まで一〇時間を要したほどの大行列であったから、二日目の栗橋宿《くりはしじゅく》から利根川を渡るのには特別の準備を要した。臨時に舟橋を架けたのだが、川幅がおよそ一八八間(約三四二メートル)あり、船を五〇艘あまり横に並べてつなぎ、その上に板を幾重にも渡し、さらにその上に砂を敷いて馬が通りやすくした。舟橋は水上に浮いており、揺れて不安定になるため、虎綱《とらづな》と呼ばれる大綱を作り舟橋と結び付けて固定させた。架橋の準備に四か月の期間と二万両の費用を要した。全体の費用は不詳だが、次の安永《あんえい》五年(一七七六)の一〇代家治《いえはる》の日光社参の全費用が二二万三〇〇〇両と一〇万人の扶持人《ふちにん》が動員されているので、八代吉宗の社参時にもその前後の金額がかかっていたものと推量される。

多大な費用と関東の農民を動員して行なった日光社参は、大名・旗本に主従制の根幹である軍役動員を行ない、将軍の持つ軍事指揮権を発動し、合わせて東照権現の神威を再確認して、これまで大名側に妥協してきた将軍権力を改めて認識させ、幕藩の主従関係の安定をもたらすための、一大デモンストレーションとしての効果を期待してのことであろう。

その二年後の享保一五年(一七三〇)四月に、上米の制の停止が命じられた。年間一八万七〇〇〇石の上米は、八年間で一四九万六〇〇〇石になった。これで十分とは吉宗政権は考えてはいなかったのであろう、上米の停止に際して、「勝手向き(財政)はいまだに事足りてはいないのだが、参勤交代を先規に戻す」と触れた。吉宗政権にとって、参勤交代を従来の制度に戻すことが先決であると判断されたのである。参勤交代の在府の半減を「御恥辱」と強くこだわっていたためであろう。

それとも連動して、享保一七年からは手伝普請も再開された。武威を復活させた日光社参を転機にして、次々と大名・旗本の役儀すなわち奉公を呼び起こすことで、将軍権力の強さを誇示していった。また、享保二〇年には全国の諸大名に勧請《かんじょう》された東照宮の所在調査を、神領調査とともに命じた。「諸事、権現様のお定めの通り」を主張して、家康＝東照権現への回帰を目指した吉宗の姿勢の表れである。

この幕藩関係における将軍権力の復活・強化を示そうとした吉宗政権にとって、尾張《おわり》藩主徳川宗春《むねはる》に対する享保一七年の譴責《けんせき》処分は効果的であった。享保一五年に尾張藩主になって以来徳川宗春は、武士の芝居見物を許したり、名古屋の街の風俗を華美にしたりと、吉宗政権の厳格主義や倹約令に反したことが譴責の理由となった。この処分は、紀州藩主出身の将軍吉宗が、御三家の一つ尾張藩主をも処分するだけの実力を持っていることを諸大名に誇示する効果を持った。財政改革の一定の成果の上に、将軍権力は日光社参をきっかけに、大名との主従関係において妥協や後退をすることなく、尾張藩主を処分するような圧倒的な優位に立ったと見られる。

3 制度の充実

請負制度

宝永四年(一七〇七)一一月の富士山噴火の後、酒匂川《さかわがわ》など河川に埋もれた降砂の川《かわ》浚普請《ざらえぶしん》を五大名の手伝普請としたことは前述した。その際、実際の労働力は町人に請け負わせ、かかった費用を大名たちが負担する方式をとった。また、朝鮮通信使が享保四年(一七一九)に来日した際、使節一行の荷物は通し日雇が付け通し、宿駅ごとに荷物の付け替えと運搬を担ったこれまでの助郷農民の負担をなくし、その代わり一六国の農民に国役を負担させる制度も前述した。さらに享保五年から、国役普請令を発して、河川の普請にあたっては、町人に工事を請け負わせ、河川の流れる地域の国の農民に、国役として経費を負担させる制度を始めたことも述べた。いずれも、それまで農民が夫役《ぶやく》として労働に駆り立てられたものであったのを改め、労働力を編成する町人に仕事を請け負わせ、その経費を農民に負担させる方式としたものであった。

生産力の上昇を前提にして社会は変容した。浮遊労働力が都市や町やその周辺に存在し、これを編成する町人が仕事を請け負い、幕府や大名がこれを利用する形が採られ出した。江戸では、各種の労働を請け負う町人が仲間を作り、幕府に認可されて仕事を独占するものが見られた。たとえば、辻番請負《つじばんうけおい》組合や飛脚《ひきゃく》仲間、上水組合などであるが、ここではごみ取り請負仲間と火消《ひけし》仲間について触れておこう。

享保一八年(一七三三)一二月、それまで各町でごみ取りの請負をしてきた七五人が、大伝馬《おおでんま》町《ちょう》二丁目孫兵衛《まごべえ》店《だな》の長左衛門《ちょうざえもん》を筆頭に、組合設立を町奉行所《まちぶぎょうしょ》に願い出た。今後は、飯田町《いいだまち》の堀留《ほりどめ》から竜ノ《たつの》口《くち》数寄屋橋《すきやばし》までの堀に浮かぶごみなどを毎日除去する仕事を無償で請け負うので、武家屋敷および町中のごみを取り、永代島《えいたいじま》に運び埋め立てる仕事を、組合として独占的に担わせてほしいという願いであった。町奉行所は、町年寄《まちどしより》を通して各町に諮問《しもん》した上で享保一九年二月に「御堀浮芥浚《おほりうきあくたさらい》請負人《うけおいにん》」の株仲間を公認し、仲間に鑑札を下付した(図5-4)。

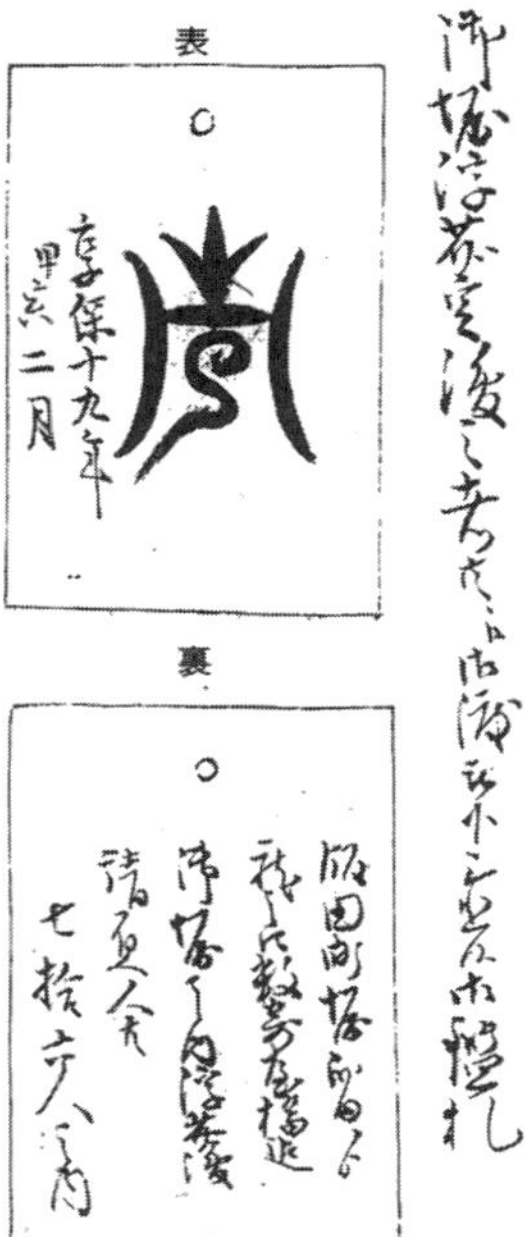

図5-4　御堀浮芥浚請負人の鑑札(写し). 享保19年(1734)2月, 請負人76人の内と記される.

もともとは、町に居住する者たちが自力でごみの片付を行なうものであったが、元禄末期〜宝永期に、町から依頼されて町に住み、ごみの取片付や下水の泥を浚《さら》う仕事をして町入用《ちょういりよう》（町の共益費）から賃銭を受けた者が存在した。今回の仲間公認によって、各町単位ではなく、地域を大きく区割りして何町かまとめてごみの収集を行ない、町から経費を受ける方式になった。町奉行所とすれば、懸案であったごみ処理問題を、仲間組織の者たちに請け負わせて解決を図った形になる。また、町の居住者はお金を払うことでごみ処理を済ませるようになった。

町火消《まちびけし》制度も共通した性格を持つ。大名が軍役として一定地域に消火出動する大名火消《だいみょうびけし》（寛永二〇年〈一六四三〉設置）や、第二章で述べた明暦大火後に旗本に命じた定火消《じょうびけし》（万治元年〈一六五八〉設置）が、武家屋敷地を対象とする消火組織であったのに対し、町場を対象にするのが町火消であった。

明暦大火の後、町ごとに火消人足を決めておき、火元に駆けつける方式が二三町でとられたが、享保三年（一七一八）に江戸の町域全体に制度化された。町の決めた火消人足は、居住者の中の誰か店子《たなこ》を選んだもので、これら素人が火事場に駆けつけても、なかなか力を発揮することは難しかった。折しも享保六年に起こった火事で、駆けつけた店子の人足が恐怖のため逃げ帰ってしまったため、幕府は火消専門の鳶《とび》を抱えざるを得ないと判断した。鳶の乱暴が問題となっており、町が鳶を抱えるのに反対してきた町奉行所も、火消組合を編成して、およそ二〇町を単位にして「いろは四七組」を編成し、組ごとの鳶頭《とびがしら》支配の下で、鳶の乱暴も抑え込む一石二鳥の方式を取ったのである。

町の居住者は、かつて多様な労働を義務として負っていたのであるが、これらの労働を代替して専門に請け負う人びとが現れたことで、町居住者は金銭によってその労働力を購入するようになったのである。吉宗政権の都市行政は、このような社会の変容に対応して、ごみ請負人など労働を請け負う人びとを仲間や組合に編成して、町の行政を秩序づけ統制していったところに、その特徴を見出すことができよう。

国家制度の充実

国全体にかかわる統治権力のためにも、吉宗政権は制度の整備を果たし、安定した体制づくりを、特に政権の後期（元文《げんぶん》・寛保《かんぽう》・延享《えんきょう》期（一七三六〜四八年））に充実させた。財政改革を一定程度果たし、武威を強調して諸大名との主従制を安定させた上で、将軍個人の力量に依存する専制的な権力から、個人の能力にかかわらない制度的な統治権力を形成しようと、次期の家重《いえしげ》政権を見越して、吉宗政権は着実に進めた。

「服忌令《ぶっきれい》」は五代綱吉政権で初めて制度化されたが、その後追加改定が加えられ、最終的には元文元年（一七三六）九月、吉宗が林大学頭《だいがくのかみ》や儒者に吟味を命じて追加作成させた。この「服忌令」がその後明治維新まで通用することになる。同様に「服制」(装束の制度)についても、享保期に何度か追加改定がなされた後、延享二年(一七四五)九月の将軍吉宗から家重への代替わりに際し、「御代替御礼《ごだいがわりおんれい》」の服制が細かく規定され、大名などの家格(官位・殿席)に応じた装束が明示された。これ以降この時の「服制」が将軍代替わりの際に踏襲され、文久《ぶんきゅう》二年(一八六二)に大きく変更されるまで、吉宗の命じたものが定式となった。このように吉宗の時に定められたものが以後も踏襲される例が、このほかにも見られる。

「公事方御定書《くじかたおさだめがき》」(御定書百箇条)は、上巻が法令集、下巻は先例・取決めが収められ、幕府の裁判・行政の基準となる内規集である。すでに享保五年(一七二〇)に吉宗が命じてあったものが、元文三年(一七三八)に三奉行によって草案が作成され、寛保二年(一七四二)にひとまず完成した。吉宗はさらに追加を命じて延享二年(一七四五)に完了したもので、以後の幕府部内で用いる基本法典とした。

延享元年には、幕府がこれまでに出した慶長二〇年(一六一五)からの触れを部門別に集成させることを命じた。かくして編纂されたのが「御触書寛保集成《おふれがきかんぽうしゅうせい》」で、寛保四年(一七四四)に完成した。触書の集成はこれ以降も引き継がれ「御触書宝暦集成」「御触書天明集成」「御触書天保集成」が編纂された。吉宗の時にそれまでの触書を集めて編纂したのだが、以降は記録を保存し将来集成して編纂する意図が持たれたのである。

法制的な統治は、社会に浸透していった。それまで慣行によっていた事柄にも、法治が及び出す。たとえば、在地で村落農民が肥料用に採草地としてこれまで入ることのできた山林が、所有権の主張によって慣行が否定され、農民の立ち入りが禁止されるようなことが起こると、裁判によって従来の慣行は敗訴となるような状況に移っていった。

記録保存

幕府の公文書が、どのように保存され管理されたのかについての研究は、勘定奉行所・町奉行所に関する大石学氏の研究があるが、ここでは大友一雄氏の研究に依拠して、寺社奉行《じしゃぶぎょう》における記録保存の実態を紹介しよう。

幕府組織の中で寺社奉行所と呼ばれる官衙《かんが》は存在しなかった。町奉行所は北町奉行所と南町奉行所それぞれ役所の固定した建物が江戸にあり、人びとは月番交代で北か南の奉行所に訴えることができた。これに対して寺社奉行は、およそ四人が譜代大名の中から選ばれ、四大名の江戸の屋敷(藩邸)が、月交替で寺社奉行所になった。月末に、前の月の寺社奉行が翌月の寺社奉行に引き継ぎを行なう際、「御用箱《ごようばこ》」と呼ばれる箪笥《たんす》に寺社行政の文書を入れ、箪笥ごと運ぶ。同じく「御朱印箱《ごしゅいんばこ》」と呼ばれる、寺社宛ての御朱印写しが入った箪笥も引き渡される。

こうした方式がいつから始まったのかは不明であるが、元文五年(一七四〇)一二月に寺社奉行(大岡忠相《おおおかただすけ》など四名)が相互に相談をし、以後は「御用箱」のうち「年久敷書物《としひさしきかきもの》」と「当分御用に無之分」については目録を付けて選別し、いわば現用ではなくなったこれら半現用の文書を一つの簞笥にしまい、「御朱印箱」とともに、年番担当者が管理し、年番の終わりに次の年番に引き渡すことにした。目録は二部作成し年番簞笥の中に一部を入れ、もう一部は月番の「御用箱」に入れられ、どの文書が年番簞笥に別置されたか確認できるようにした。したがって月番が引き継ぐのは現用の寺社行政文書だけになる。

「御用箱」の現用の文書は、時間がたつと溢《あふ》れるように増えるので、時々、評価選別を行ない、目録を作成の上で年番簞笥に移管する作業を繰り返していく。年番簞笥は時間とともに文書の量が増えていき、年番の寺社奉行間で引き継ぎをするのではなく、一定の場所(「浜大手御多門」)に定置されるようになった。非現用文書(アーカイブズ)として保管されるようになったのである。ここに、現用文書から半現用文書、さらに非現用文書(アーカイブズ)としての記録保存のシステムが形成されたことは注目される。西欧諸国のアーカイブズ制度を学んだわけではもちろんない。独自に合理的な公文書管理システムを編み出したものである。寺社奉行の他にもこれと同じ方式が採られたものか否か、幕府の公文書管理システムについての研究が俟《ま》たれる。

本末帳と勧化制度

延享二年(一七四五)に、幕府は仏教諸宗派の寺院本末帳《ほんまつちょう》を提出させた。本寺の側がその寺は末寺《まつじ》であると主張し、末寺の側は違うと反論する本末争論が、数多く幕府寺社奉行所に持ち込まれていた。幕府はかつて寛永九年(一六三二)と同一〇年に「諸宗末寺帳《しょしゅうまつじちょう》」を作成提出させていたが、この寛永の末寺帳が全宗派から提出されず、されても地域的に偏りがあったため、寺院本末争論の吟味に役立たないという問題が生じていた。そこで吉宗はあらためて「本末帳」の提出を命じ、以後の基本台帳としてこの種の争論に備えさせたのである。

寛保二年(一七四二)には、勧化《かんげ》制度を整備して、幕府(公権力)の許可した「御免勧化」を、大名・旗本などの私領主は領内で停止してはならない旨を触れた。東大寺再建の勧化を綱吉政権が全国に「御免勧化」にすることで支援したことは前述した。こうして全国の主だった寺社の造営・修復費用の助成を吉宗政権は「御免勧化」を制度化する方式で行なった。

かつて綱吉政権期に寺社の造営・修復に多大な費用を要し、ために幕府財政を圧迫したことは前述した。吉宗政権の財政改革と諸事倹約の中で寺社修復費用は緊縮され、享保一五年(一七三〇)の幕府勘定所史料によれば、寺社修復料は年間金一〇〇〇両に限定されていた。これでは幕府として維持しなければならない、日光東照宮・上野寛永寺のほかに、東大寺など古代以来の官寺や国家鎮護・安全祈禱を行なう寺社、ならびに徳川家の菩提寺《ぼだいじ》などの寺社の修復費用に不足する。そこで吉宗政権は、幕府が財源を直接支出する代わりに勧化制度を導入し、寺社が勧化金取り集めを行なうのを公権力として保証したのである。

制度化に先立って享保七年、大破した熊野三山権現社《くまのさんざんごんげんしゃ》の再建の願い出に対し、幕府は寄付の品を与えるのみで、熊野三山が諸国に勧化して再建費用を集めることを全国触れによって保証した。享保一〇年九月に、焼失した奈良興福寺《こうふくじ》の伽藍《がらん》造立のための諸国勧化を、さらに同一二月に出雲大社《いずもたいしゃ》の造営のための諸国勧化を、幕府は許可して全国に触れた。こうして五月雨式ではあったが勧化が許可され、制度が軌道に乗ったかに見えたが、享保一五年の河内国誉田八幡宮《かわちのくにこんだはちまんぐう》と摂津国天王寺《せっつのくにてんのうじ》の勧化を認めた後、理由は不詳であるが、幕府の勧化許可はなされなくなった。

一〇年余りの中断の後、寛保二年(一七四二)に勧化の制度は整えられた。寺社奉行連印の勧化状を持参する者が、幕領・私領・寺社領の町在を巡行して勧化金を集める際、大名や旗本などの領主が勧化を停止することがこれまであったが、今後は一切停止することのないように、幕府の権限が私領主権限を越えることを触れた。寺社修復を願う者たちは、堰《せき》を切ったように申請を行なった。寛保二年五月に、出雲国日御碕《いずものくにひのみさき》神社に対し、出雲・因幡《いなば》など七か国で三年間の御免勧化を許可したのを皮切りに、八寺社に勧化を許可する触れを出した。さらに翌寛保三年に五寺社、翌々延享元年(一七四四)に三寺社、以後の三年間は毎年五寺社・八寺社・五寺社に許可を与えた。これらはいずれも国と期間を指定した上で、寺社が主体的に勧化して財源を募り再建・修復にあたらせるもので、幕府は人も金も出さないで賄う方式であった。

四季勧進相撲

勧進相撲興行が、庶民の娯楽要求の熱気の中で認められるようになったことは、元禄の町人文化の中で前述した。「渡世の為」に行なうプロの集団が形成され、集団の中心には、相撲取り上がりの親方と弟子の相撲取りや行司《ぎょうじ》などが存在し、江戸・京都・大坂や城下町・地方において興行して回るという姿が形成され始めていた。であるにもかかわらず、吉宗政権が享保年間の二〇年余り緊縮政策をとり勧進興行全般を不許可にした中、相撲興行も例外ではなく、江戸での開催はほとんど行なわれず、相撲渡世集団は江戸を離れ名古屋などで生きていくほかなかった。

しかる後、寛保二年(一七四二)に勧化制度が整うと、勧進興行も再開され、ついに幕府は延享元年(一七四四)、今後勧進相撲は老中に伺いを立てることなく寺社奉行が専決し、事後老中に届ければよい、という取り決めを行なった。ただし、一か年に何度と開催数を定め置くことも併せて命じ、四季に一度ずつの取り決めが幕府評定所においてなされた。この際、勧進能に

図5-5　勧進相撲．葭簀《よしず》で囲い木戸銭を取って行なわれた．

ついても同様の措置が決められた。幕府の意図は、前述のように寺社の御免勧化の申請が堰を切ったように多数行なわれたことから、評定所の評議件数を減らすために、勧進相撲興行や勧進能興行申請を寺社奉行所で専決させたものであろう。ここに四季勧進相撲興行が公認され、現在に至る相撲興行のスタートとなったのである(図5-5)。

四季勧進相撲は、春夏秋冬に一度ずつ、江戸・京都・大坂や博多・盛岡など各地の相撲集団が合同で興行を行なった。年四回のこの合同興行を大相撲と呼ぶ。その場合、江戸では冬と春に正月をまたぐように開催されることが多く、その後に夏は京都、秋は大坂で合同興行を行ない、そして冬にまた江戸に戻るというシステムであった。江戸では安永《あんえい》七年(一七七八)までは晴天八日の興行であったが、それ以降は、京都・大坂同様に晴天十日興行となった。この一季に一度の四回の合同興行(安永七年の番付には一五八名の相撲取りが記されている)以外では、三都の相撲渡世集団は、それぞれ単独で、師匠(親方)—弟子を単位にして在々をめぐって興行を行なっていた。一例を挙げると、明和《めいわ》六年(一七六九)、すでに現役を退いていた入間《いるま》川五《がわご》右衛門《えもん》と伊勢海《いせのうみ》五太夫《ごだゆう》の二人の年寄は、武州比企《ぶしゅうひき》郡野本《のもと》村(埼玉県東松山市)八幡宮の祭礼相撲(二日間)に、羽黒山善太夫《はぐろやまぜんだゆう》・佐渡嶽沢右衛門《さどがたけさわえもん》・戸田川金治《とだがわきんじ》の三力士を礼金四両三分で派遣した。野本村孫四郎《まごしろう》がお金を出し、入間川・伊勢海の受取証文が残されている。

大嘗祭再々興

将軍個人の能力ではなく、将軍の地位に価値と権威を保つために、天皇・朝廷との協調関係の持続も吉宗政権の後期には図られた。元文三年(一七三八)に大嘗祭《だいじょうさい》の再々興が吉宗政権によって進められた。綱吉政権下の貞享《じょうきょう》四年(一六八七)、東山天皇即位時に二二一年ぶりに再興された大嘗祭は、次の中御門《なかみかど》天皇の即位時、宝永《ほうえい》六年(一七〇九)には挙行されなかった。東山天皇即位時に、禊《みそぎ》行幸のない大嘗祭に反対した近衛基熙の勢力が朝廷を席巻《せっけん》していた時期にあたり、朝廷側から中御門天皇即位時の大嘗祭挙行の伺いをせず、はなから断念していたのである。

ところが、次の桜町《さくらまち》天皇の即位時には、前回同様に朝廷側は大嘗祭挙行の意向を示さなかったにもかかわらず、なんと将軍吉宗側が朝廷側に働きかけて大嘗祭を実現させたのであった。時の関白一条兼香《いちじょうかねか》の日記や武家伝奏葉室頼胤《はむろよりたね》の残した記録からも、吉宗の意志による再々興であったことが判る。元文度のこの桜町天皇大嘗祭はそれ以後の先例定式となり、歴代天皇は大嘗祭を続け、形式だけでいえば平成の天皇まで絶えることなく続けられた。

吉宗政権は大嘗祭の再々興に止まらず、これに続いて元文五年(一七四〇)一一月から新嘗祭《にいなめさい》を正式の朝廷行事として再興させることにした。二七七年ぶりの新嘗祭は一〇月二八日に神祇官代(吉田家)において新嘗祭卜定《ぼくじょう》がなされた上で、一一月二四日卯《う》の日の深夜、古代・中世に神事が行なわれた神嘉殿《しんかでん》が当時の禁裏には存在しなかったので、内裏《だいり》南殿《なんでん》をこれに見立て、桜町天皇は神嘉殿代に渡御した。神嘉殿代には、天皇の御座が用意され、深夜神殿に入った天皇が神膳を供え、共食する。新嘗祭を終えると翌日には豊明節会《とよのあかりのせちえ》も再興された。なお、天明八年(一七八八)の大火で焼失後、寛政《かんせい》二年(一七九〇)に新造なった内裏は、裏松光世《うらまつみつよ》の「大内裏図考証」による再建が幕府に認められたもので、神嘉殿が独立して建立され、以後の新嘗祭の舞台となった。

宇佐・香椎奉幣使

延享元年(一七四四)の甲子《かっし》年には、朝廷が豊前国宇佐宮《ぶぜんのくにうさぐう》と筑前国香椎宮《ちくぜんのくにかしいぐう》に、天皇からの幣物《へいもつ》を奉る使いである奉幣使《ほうへいし》を発遣することを、吉宗政権は認めた。甲子の年は革令《かくれい》と呼び、十干十二支の甲《きのえ》と子《ね》の組み合わせで六〇年に一度、干支が一新する年で、改元を行なう習慣が中国の王朝にあった。これは国家異変に対する安全を祈願する意味が込められていた。現に江戸時代でも、寛永・貞享・延享・文化《ぶんか》・元治《げんじ》と、一六二四年から六〇年ごとに訪れる甲子の年はすべて改元されている。

古代・中世において、甲子年に国家異変が起こらないように安全祈願のために、七社(伊勢・石清水・賀茂・松尾・平野・稲荷・春日)と宇佐宮・香椎宮に奉幣使が遣わされてきた。七社奉幣使は嘉吉《かきつ》二年(一四四二)に発遣されてから三〇二年間中断され、宇佐・香椎宮奉幣使は四二五年間中断されていた。それをこの延享元年に再興したのである。甲子の年は、寛永元年(一六二四)にも貞享元年(一六八四)にもあったが、その時は朝廷側から発議されることもなく、奉幣使の再興はなかった。その後の綱吉政権以降、朝廷と幕府の協調関係が深まる中で、徐々に朝廷儀式(朝儀)が再興され、前年から桜町天皇や関白一条兼香が発議し、幕府が認めて延享元年の奉幣使発遣の再興に至ったものである。

奉幣使発遣には、費用も行政力も必要であったが、朝廷にはいずれもその力が無かった。朝廷は「大宰府山陽道諸国司」と「大宰府」宛てに太政官符《だじょうかんぷ》を二通発して勅使の通行が粗略なく行なわれることを命じた。もちろんこれは形式にすぎず、効力は一切なかった。それが江戸時代の朝廷の置かれた立場であった。実質的な効力を発揮したのは、幕府の触れであった。触れの内容は、宇佐・香椎奉幣使が遣わされるにあたり、日光例幣使の格を上回らないように道中の馳走を行なうように、大坂から宇佐までの地域に命じた。地域では、道路や橋を整備し、勅使と供奉の人数百数十人が通過する際には、①寺の釣鐘《つりがね》・半鐘《はんしょう》はもちろん、通りでの勤行《ごんぎょう》を禁止し、僧尼の類は物見に出てはならないと仏教色を排除した。また、②犬・牛・馬をつなぐこと、③掃除を行なうことも厳重に命じた。

六〇年後の文化元年(一八〇四)も、さらに六〇年後の元治元年(一八六四)にも宇佐・香椎奉幣使は発遣されたが、同様な触れが幕府から出され、そのたびごとに寺塔や墳墓、寺院はもちろん、辻の地蔵など、往還から見える仏事めいたものは菰《こも》で覆い隠し、垣などを巡らし、囲いを作って目隠しをした。僧尼の徘徊や、寺の鐘を鳴らすことも禁止された。朝廷の神事である奉幣使一行の往来によって、それまで自分たちが日常的に信仰の対象としてきた寺院や僧侶やまして先祖の墓まで菰で隠されるのを目の当たりにした時、人びとはこれまでの日常と違う神事による廃仏の影響を植え付けられたことであろう。ただちに廃仏思想にそまったというものではなかろうが、萌芽となって明治維新の際の神仏分離・廃仏毀釈《はいぶつきしゃく》の思想に結びつけられていった可能性を否定できない。

桜町天皇譲位　大嘗祭、新嘗祭、宇佐・香椎奉幣使などの再興に見られるように、吉宗政権は朝廷の要望を容れる好意的な政権との印象を抱かせるが、しかしこれと併行して、吉宗は朝廷・公家に対する統制の枠組みの整備や引き締めを行なっていた。元文四年(一七三九)に幕府は朝廷に対し、僧位僧官に関する調査を命じた。法印《ほういん》・法眼《ほうげん》・法橋《ほっきょう》などの僧位や、僧正《そうじょう》・僧都《そうず》・律師《りっし》などの僧官、あるいは医師・絵師などの官位に関する門跡の権限の調査が武家伝奏によって行なわれた。門跡の存在した天台宗・真言宗・法相宗《ほっそうしゅう》・修験道《しゅげんどう》(本山派・当山派)では、法印・権大僧都《ごんだいそうず》まで門跡は叙任する権限を持っていたが、門跡の存在しないその他の宗派は、寺院伝奏の公家を介して最下位の権律師《ごんりっし》から叙任されることが回答された。

神位階についても調査させ、たとえば「正一位《しょういちい》稲荷大明神」の正一位という神位階を、室町時代以来の慣行で、吉田家は神祇道管領長上として「宗源宣旨《そうげんせんじ》」の形式で発行してきたが、元文三年からは吉田家からの単独発給は停止され、朝廷からの勅許に限ることとした。

全体として官位叙任制度の確認を行なわせ、官位叙任やその執奏《しっそう》を行なうことで門跡や公家たちが収入を得ていたことから、幕府は厳格な管理をすすめたのである。また延享二年の将軍家重への代替わり儀式に下向した摂家や門跡、はては従者に至るまでの行動を厳しく取締まっていることなども併せ、吉宗の対朝廷策は、統制の枠組みを堅持した上で、前代以来の協調体制を持続し、その中で朝廷儀式の再興を容認したものであった。

延享三年(一七四六)、桜町天皇(図5-6)が譲位の希望を持ち幕府に伺いを立てた時、関白一

図 5-6　桜町天皇像

条兼香は譲位の理由を次のように述べている。桜町天皇の在位中は関東(吉宗政権)からことあるごとに丁寧な沙汰があったので、公事《くじ》(朝廷の政務や儀式)の再興は、最近の在位二〇年以上の歴代天皇をすでに超えており、天皇は大いに喜んでいる。これ以上在位しては神慮も恐れるゆえ譲位したい、という内容であった。

　将軍吉宗の沙汰によって「公事御再興」は近来にない成果があったと桜町天皇は認識している。したがって戦前の天皇中心史観では、吉宗を綱吉と同様に尊王・勤王の将軍と描いていたが、それは一面の評価に過ぎない。将軍吉宗は、全国統治権を有効に用い、大名との主従関係を優位に展開させたり、また国家制度を充実させたりと、多面的な政策を遂行して幕府権力を再強化しようと図ったものである。その一部に対朝廷政策があったことを認識する必要がある。

第六章　転換期の試み——田沼時代

1　田沼意次の政策

宝暦～天明期の位置

四代将軍家綱政権による国の制度設計(一六六〇年代)を、第二章「江戸幕府の権力機構」で見たが、それから一世紀の間、社会は生産力の上昇にともなう経済発展にしたがい、たえず変容を繰り返していった。幕府を始めとする為政者たちは、社会変容に応じ、制度改革や新制度を設けて対応を図ろうとした。宝暦《ほうれき》～天明《てんめい》期(一七五一～八九年)とは、幕府が社会変容に対応して体制の充実を図る側面を見せながらも、従来「幕藩制解体の起点」と位置付けられたように、広範に広がる百姓一揆など、もはや社会変容のエネルギーが、体制の枠組みそのものを根本から解体に向かわせ始めた時期にあたる。その双方が同居する転換期が宝暦～天明期であり、その時期に幕府権力の中枢に位置して諸政策を推進したのが田沼意次《たぬまおきつぐ》であった(図6‐1)。この時期を「田沼時代」とも呼ぶ所以《ゆえん》である。

延享《えんきょう》二年(一七四五)に徳川吉宗《よしむね》が隠居して西ノ丸に退き、九代家重《いえしげ》の政権になったものの、徳川秀忠《ひでただ》以来一一三年ぶりになる大御所政治が吉宗により行なわれていた。しかるに、さしもの吉宗も六八歳で宝暦元年(一七五一)に没したことで、家重政権は実質のスタートを切る(図6-2)。政権の機構は、将軍の側近く大岡忠光《おおおかただみつ》が御用取次《ごようとりつぎ》として仕え、本多正珍《ほんだまさよし》ら譜代大名の老中との間を取り次いだ。将軍家重は虚弱体質で言語不明瞭であったため大岡忠光のほかには言葉を解する者が無かったといわれ、文字通りの取次ぎであった。父吉宗が独創的な政策を推進させるために、御用取次に加納久通《かのうひさみち》・有馬氏倫《ありまうじのり》を用いたのとは、形式は同じでも内容は異なった。家重に独自の政策を提案する能力が備わっていなかったためである。宝暦一〇年に大岡忠光が死去し、家重は将軍職を長子の家治《いえはる》(図6-3)に譲り、翌年死去する。従って、家重

図6-1　田沼意次像

図6-2　徳川家重像

政権は実質的に宝暦元〜一〇年の一〇年間に止まったことになる。

家重政権の一〇年間に目立った政策と呼べるものはなく、唯一、宝暦三年(一七五三)に木曽三川の治水工事の手伝普請を薩摩《さつま》藩に命じたほかは、前代を継承して長崎において抜荷《ぬけに》取締まりを命じた程度であった。薩摩藩は宝暦五年に、それまで洪水の頻発した木曽《きそ》・長良《ながら》・揖斐《いび》三川を分流させる難工事を完成させ、幕府役人の検分を受けた。薩摩藩が要した費用は四〇万両に上り、工事中に多くの死者を出すなど、薩摩藩の負担は甚大であった。手伝普請は封建的主従制に基づき、将軍からの知行宛行《ちぎょうあてがい》に対する奉公《ほうこう》(役儀)であり、これを薩摩藩に命じる力量がまだ幕府に存在していたのである。

図6-3　徳川家治像

しかしながら、封建領主である幕府や大名が統治する領地から、領民である百姓の反発を受け、支配の根幹が揺らぐ状態は顕著になり始めていた。宝暦四年に起こった美濃国郡上《ぐじょう》藩の百姓一揆は長引いた。きっかけは、定免法《じょうめんほう》から検見取法《けみとりほう》に改めることで藩は年貢増徴につなげようとしたのに対し、百姓側は城下に強訴《ごうそ》をしかけ反対したが、検見取法は撤回されなかった。

その後も撤回要求は続けられ、ついに百姓側は江戸の藩邸に押しかけ、さらには老中酒井忠寄《さかいただより》の駕籠《かご》に訴状を届けた(図6‐4)。駕籠訴は受け取られ、宝暦八年三月、幕府評定所《ひょうじょうしょ》の審議となり、年貢増徴政策に反対した百姓らに四人の獄門をはじめ大量処分がなされたほか、領主金《かな》森頼錦《もりよりかね》は改易《かいえき》となった。のみならず老中本多正珍《ほんだまさよし》と若年寄も責めを負わされ失脚した。政権中枢には老中松平武元《まつだいらたけちか》が座り、九月には側衆田沼意次が、一万石の大名に取り立てられた上で評定所列座を許された。田沼意次は幕府の政策判断に参画することとなった。

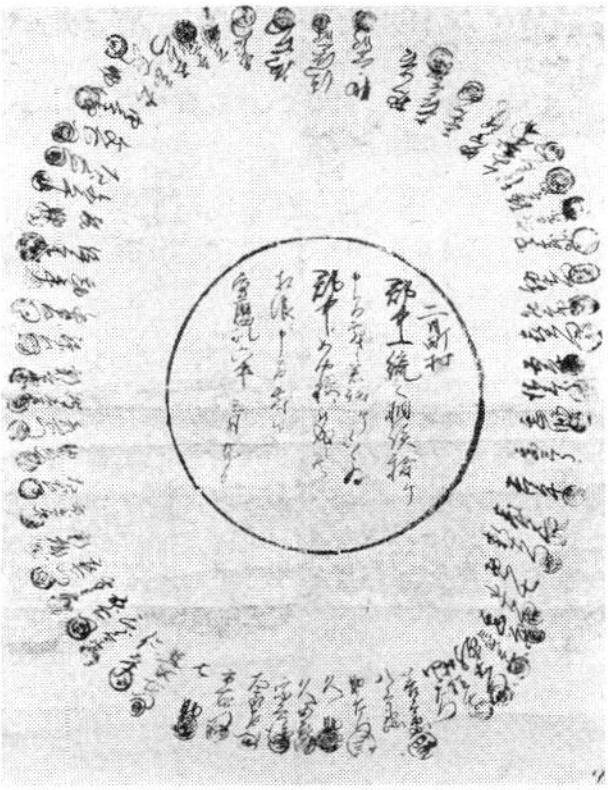

図6-4　美濃国郡上一揆傘連判状

家治政権

宝暦一〇年(一七六〇)、将軍職が家重から長子の家治(二四歳)に譲られると、老中に協力する形で田沼は政策に参画する。一〇代将軍になった徳川家治の権威を高め誇示する一連の政策が、常套手段のようにとられた。具体的には、将軍代始めの諸国巡見使の派遣や、将軍の日光社参という方法である。また将軍襲職を祝賀する使節も迎え入れた。

宝暦一三年(一七六三)四月、幕府は対馬《つしま》藩に九万七〇〇〇両を与えて、翌年の朝鮮通信使一行を迎え入れる準備をさせた。前回延享五年(一七四八)の九代家重の襲職祝賀の通信使から、今回(宝暦一四年)まで一六年ぶりのことであったが、使節の人数は四七七人と同数であった。二月、将軍家治は江戸城において正使らと会見した。さらに一一月には、琉球からの慶賀使節九六人も到着して、正使らは将軍家治と会見した。朝鮮使節も琉球使節も、異国から大行列を仕立てて、日本の将軍の襲職を祝いに来る姿を、街道沿いの人びとなどに伝え、将軍の権威を高める効果を狙ったものである。

将軍の日光社参は安永五年(一七七六)になって実施された。八代将軍吉宗以来四八年ぶりの社参であった。東照権現に詣で、精神的な覚醒を諸大名に求める以前に、将軍の軍事指揮に従う大軍事演習の意味を持ち、将軍と諸大名との主従関係の確認のための行動でもあった。費用は二二万両が費やされ、動員された人員は延べ四〇〇万人余り、馬は三〇万五〇〇〇頭であった。日光社参の時期が遅れた理由には、家治夫人の死去などもあったが、幕府の側に一大行事を執行する財力や執行権力の強さも必要であったからであろう。

家治政権は、国家の公権力として吉宗政権が始めた国役普請《くにやくぶしん》による治水工事を継承して進め、明和三年(一七六六)前後に美濃《みの》・伊勢《いせ》・甲斐《かい》の国々の河川の堤普請が国役として行なわれた。

また、全国の銅山を宝暦一三年(一七六三)に調査し、翌年五月、秋田藩に対し阿仁《あに》銅山と周辺一万石を上知《じょうち》するように命じた。幕府は直轄地にして銅を確保し、長崎貿易に充てることを考えたのだが、秋田藩は産出した銅を確実に長崎に送ることを条件に上知を拒んだ。上知による幕領化は、尼崎《あまがさき》藩の三郡二四村(一万四〇〇〇石)でも命じられた。これは幕領化されたが、なかに西宮《にしのみや》と兵庫《ひょうご》が含まれ、両町を大坂町奉行管轄に組み入れ、瀬戸内海航路の流通拠点とするためであった。尼崎藩には播磨国に代地として一万九〇〇〇石が与えられた。

田沼意次の通貨政策

田沼意次は明和四年(一七六七)に側用人《そばようにん》になり、明和六年に老中格、安永元年(一七七二)に老中に昇進した。将軍の意向を取り次ぎ、かつ老中として政策決定の責任を負う権力者となった。田沼意次の政策の特徴は、吉宗政権末期に勝手掛《かってがかり》老中の松平乗邑《まつだいらのりさと》と勘定奉行神尾春央《かんおはるひで》がとった年貢増徴策ではなく、商品流通を活発にさせ、そこから幕府が利益を獲得して財政を豊かにしようとするものであった。

安永元年(一七七二)、通貨政策として画期的な南鐐二朱銀《なんりょうにしゅぎん》の発行が行なわれた。南鐐とは良質の美しい銀のことで純度は九七・八％あった。これを八枚で小判一両と交換すると明示された、定量の計数銀貨(表示された金額の価値を持つ)であった。つまり、銀貨でありながら金二朱として使用できた。従来の丁銀《ちょうぎん》や豆板銀《まめいたぎん》は秤量で通用させたが、南鐐二朱銀は金遣いの江戸と銀遣いの上方と両方で通用することが可能となった。両替の手間が不要になったので、当初は両替商の反発はあったものの、一二年間に南鐐二朱銀四〇万枚（金高五万両分）を両替屋に無担保・無利息で貸渡し浸透させたことで、しだいに金貨の補助貨として流通していった。田沼政権の積極性を窺うことができる。

幕府の通貨政策の基本である銀貨と金貨の原料は、金山・銀山からの産出量の減退から、国内産だけではまかなえず輸入に頼ることになった。中国は銅銭鋳造のために銅を求めていたことから、長崎から銅や俵物《たわらもの》（後述）を輸出して、金銀を輸入した。そのためにも国内産銅の確保が必要となった。前述の秋田藩阿仁銅山の直轄化の動きに限らず、全国的に銅の増産を奨励した。幕府は諸国（秋田・南部《なんぶ》・別子《べっし》など）からの荒銅《あらどう》（採掘された鉱石から品位九〇〜九五％に製錬した銅）を幕府直営の大坂の銅座（明和三年設立）に集中的に買い上げさせ、銅吹屋《どうふきや》仲間に精錬させて品位九九％以上の精銅にし、輸出用の棹銅《さおどう》や国内売りに向けた。銅の専売制によって、幕府は独占的な売買利益を得るとともに、輸出用銅の安定確保も行なった。

中国、朝鮮との交易

煎海鼠《いりこ》や干鮑《ほしあわび》、鱶鰭《ふかひれ》という清朝の宮廷料理の食材を俵に詰めた俵物も、宝暦一三年（一七六三）から銅とともに中国船との決済にあてられるようになり、幕府は生産を奨励した。宝暦一四年、明和二年（一七六五）に引き続いて安永七年（一七七八）

にも俵物生産奨励の全国触れが出され、煎海鼠や鱶鰭の作り方を近隣の浦方から教わり全国的に生産し、長崎俵物請け方の者が相対《あいたい》で買い取り集荷する方式をとった。相対であるため値上がりを抑えられないことから、幕府は天明五年(一七八五)、長崎会所の下に俵物役所を設置し直仕入制度に改めた。

田沼政権では、銅や俵物ばかりではなく、商品流通の過程において利益を獲得するために、鉄座・真鍮《しんちゅう》座・朝鮮人参座・朱座などの幕府直営による専売を行ない、利益をあげる政策をとった。従来の政策では、年貢米をいかに多く確保するかに関心が向けられていたのに対し、田沼政権は積極的に商品生産・流通過程から生まれる利益を獲得する政策をとった。重商主義的な財政策とこれを評価する考え方がある。

長崎における貿易に比べ、対馬藩が独占した朝鮮との交易は、この時期停滞した。中国から朝鮮に流入していた白糸《しらいと》(生糸)や反物《たんもの》が不足したためである。対馬藩の領地は生産力が低く、貿易不振はただちに財政窮乏を招いた。幕府は宝暦五年(一七五五)から三年間、毎年一万両を与えたが、さらに宝暦一一年に三万両、朝鮮通信使来日時に五万両を与えた。その後も、永続手当として年一万二〇〇〇両ずつを与えたのは、対馬藩が一〇万石相当の家臣団を抱え、朝鮮押さえの軍事的な役儀を果たすことの重要性を、幕府が認識していたからにほかならない。

アイヌとの交易

北方におけるアイヌとの交易には、変化が見られた。宝暦四年(一七五四)、松前藩《まつまえはん》によって国後島《くなしりとう》に「場所」(運上屋)が開設され、初めて千島《ちしま》列島におよぶことになった(図6-5)。安永三年(一七七四)、飛騨国下呂《ひだのくにげろ》出身の飛騨屋久兵衛《ひだやきゅうべえ》が松前藩への貸金五四〇〇両と引き換えに、国後を含む四か所の場所の経営権を獲得し、場所請負商人となった。しかし国後島に居住のアイヌは、飛騨屋の商船を襲うなどの抵抗をしたため、飛騨屋の経営は困難となった。

千島列島のウルップ島には、カムチャッカ半島からロシア人が接近し、明和三年(一七六六)、同五年にはウルップ島で越年している。ウルップ島のアイヌはロシア人を追い返すこともあったが、安永三年(一七七四)にロシア人と交易を始めるようになった。ロシア人の南下は意図的で、安永七年にはロシア人ケレトフセは松前藩に通商を要求してきたが、翌年松前藩は拒否した。

このような蝦夷地や千島列島における動向を受けて、仙台藩医で江戸城詰めの工藤平助《くどうへいすけ》は『赤蝦夷風説考《あかえぞふうせつこう》』上下二巻を著して天明三年(一七八三)に老中田沼意次に献上した。蝦夷地の調査と金銀山の開発や、ロシアとの交易の必要などを説き、ロシアの南下に備える策が述べられている。

ナニオー
黒竜江
ラッカ
ノテト
デレン
間宮海峡
樺太
オホーツク海
沿海州
北知床岬
久春内
真縫
久春古丹
真岡
日本海
ウルップ島
宗谷海峡
千島
択捉島
宗谷
利尻島
国後島
天塩
知床岬
紋別
西蝦夷地
留萌
泊
色丹島
小樽
歯舞群島
積丹
石狩
白糠
根室
厚岸
釧路
室蘭
様似
東蝦夷地
太平洋
江差
箱館
襟裳岬
松前
松前
(福山)
•運上屋 ·会所

図 6-5　北方略図

田沼はこれを容れ二年後、蝦夷地の調査のために旗本山口鉄五郎《やまぐちてつごろう》ら五人と下役による調査隊を派遣した。一行に加わった民間の最上徳内《もがみとくない》は、翌年に国後島・択捉島《えとろふとう》・ウルップ島に渡りロシア人の動向を探り、ロシア正教の布教がなされていることも調べた。下役の大石逸平《おおいしいっぺい》らは樺太に行き、アムール川(黒竜江)下流の山靼人《さんたん》との交易の実態を知る。これらの調査を受けて田沼意次は、蝦夷地での開発計画など積極政策を考えるが、間もなく失脚したことで実現に至らなかった。

田沼時代の終焉

田沼意次が、自らの意向に従う幕閣を周辺に配置し、権力の頂点に位置するようになったのは、老中松平武元《たけちか》の死去や上州絹一揆によって老中松平輝高《てるたか》が辞職した後の天明元年(一七八一)からと言ってもよい。しかしながら、この前後から天変地異に見舞われ、前向きに積極的な政策を推進することが容易ではなくなった。三原山《みはらやま》噴火から始まり、阿蘇《あそ》・桜島《さくらじま》の噴火、さらには天明二年の江戸・小田原地震のあと翌年には浅間山《あさまやま》が噴火した(図6-6)。浅間山噴火による死者は、村民五九七人中四六六人が死んだ鎌原村《かんばら》をはじめ約二万人に上る。幕府は被災村落の復興を進めたが十分ではなく、村民の時間をかけた自力復興を待つほかなかった。

上野国・信濃国・武蔵国を流れる河川には火山灰・火山砂が降り積もり、洪水の原因を作ることから、河川の浚渫《しゅんせつ》工事が必要となった。幕府は熊本藩に手伝普請を命じた。熊本藩では九万六九三二両余の経費を負担したが、これらは国元の領民から「寸志金《すんしきん》」の名目で集めたほか、商人から借金をして果たした。幕府のみならず熊本藩も財政の窮乏が訪れていたところに天災の復興経費が求められたのである。

印旛沼《いんばぬま》・手賀沼《てがぬま》干拓工事は、田沼政権の性格とは異なる、従来と同様の新田開発政策であった。印旛沼干拓は寛文三年(一六六三)や享保九年(一七二四)に試みられたが、資金不足で中断していたもので、田沼政権の下で安永九年(一七八〇)から干拓工事は三たび着手された。しかしこれまた浅間山噴火の影響で利根川が洪水を起こし、新開場が押し流されたその影響で、天明六年八月二四日、干拓工事の中止命令が出された。翌日将軍徳川家治が死去。後ろ盾を失った田沼意次も失脚し、蟄居謹慎《ちっきょきんしん》を命ぜられた。田沼時代の終焉である。

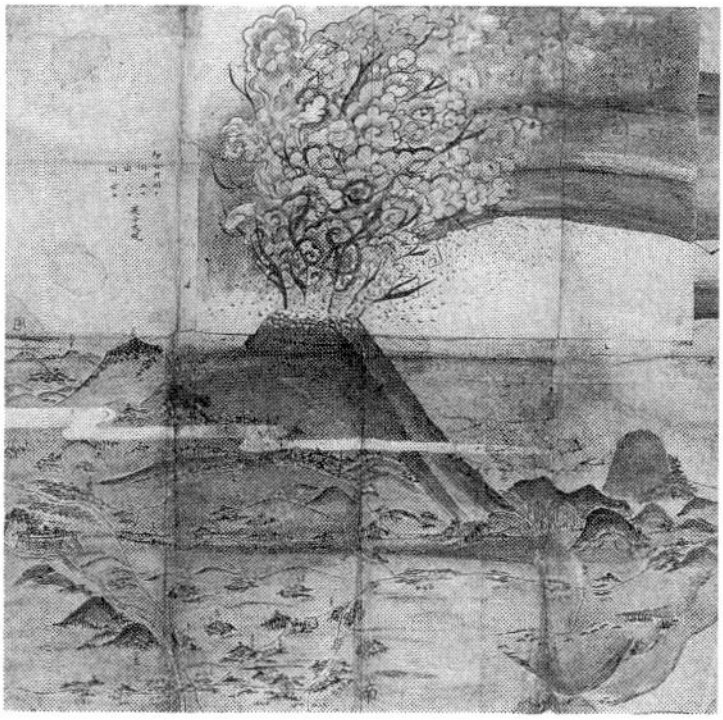

図 6-6　浅間山噴火.「浅間岳大焼図」.

2　朝廷復古の兆し

朝廷秩序の弛緩

宝暦元年(一七五一)、徳川吉宗が死去したことで一つの時代が終わったように、その前年、重みのあった桜町上皇が死去した。在位中の一二年間に朝儀再興などを実現し存在感を示した後、譲位後は七歳の桃園《ももぞの》天皇に院政を行なっていたが、上皇の死去により後には一〇歳の天皇が残されるのみで、幕府同様に朝廷も頂点に柱となる存在が見出しえない時期になった(図6-7)。

そのためか宝暦期に入ると朝廷では上下の秩序がゆるんだ。堂上公家《とうしょうくげ》(殿上人《てんじょうびと》)と地下官人《じげかんじん》の間の格差や、公家の内部の家格(摂家《せっけ》・清華家《せいがけ》・大臣家など)が厳正であったものが、上位者に敬意を表さないなどの行為が起こり始めていた。宝暦三年(一七五三)、摂政一条兼香《せっしょういちじょうかねか》は、摂家など公家に家司《けいし》として仕える諸太夫や門跡に仕える坊官《ぼうかん》でありながら、摂家や宮方の通行に出会った際に、乗輿《じょうよ》のまま下乗せずに通行することのないよう命じた。このころ地下《じげ》の諸太夫・坊官が摂家・宮方に出会っても、輿《こし》に乗ったまますれ違うという無礼が横行していたのであった。

禁裏《きんり》小《こ》番《ばん》の懈《け》怠《たい》も目に余るものとなった。公家家業とともに公家の役儀（義務）であった、禁裏を昼夜守衛する禁裏小番を、病気でもないのに怠ける者が多いことや、勤番しても相撲を取って騒がしかったり、三味線をひいたりと遊興にふける状態を、摂政一条はことのほか咎《とが》めている。明和二年（一七六五）、摂政・武家伝奏・議《ぎ》奏《そう》という朝廷統制の役職の者たちは、禁裏小番を休まなかった公家に褒美《ほうび》を取らせ、その逆に小番を怠けた者には官位昇進の際に反映させる事を命じた。飴《あめ》と鞭《むち》の両面から禁裏小番を公家たちに督励《とくれい》したわけだが、かほどに摂政・武家伝奏・議奏ら朝廷統制にあたる役職の意向は及ばなくなっていたのである。

図 6-7　桃園天皇像

公家たちの怠惰の背景には財政窮乏が横たわっていた。公家たちも家領からの年貢米や給禄によって生活を支えているので、武士と同様に封建領主共通の財政難に見舞われた。米の値段は安いのに諸物価が高騰する状態は、とりわけ小禄《しょうろく》の公家たちの困窮を切実なものにした。江戸時代に取り立てられた新家の中で、三〇石三人扶持の東久世《ひがしくぜ》・堤《つつみ》・沢《さわ》・大原《おおはら》など二七家は、家領の増加ないしは拝借金を京都所司《しょし》代《だい》に再三願い出た。願書の趣旨は「特に昨年・今年は米価が低く収入が減ったため、勤番も行なえないほどの難渋に及んでいる(中略)二十七家に一人ずつ金十両ほどでよいから」と禁裏付武家に宝暦三年に願い出た。困窮のため禁裏小番を行なえないと、小禄の公家たちは訴えるのであった。

生活のために、公家や地下官人たちのある者は、しかるべき生業を外れて収入を求めざるを得なかった。地位を利用しての収賄《しゅうわい》や、家職による収入の権利をめぐっての争論も起こった。特権を持たない地下官人の中には、禁止されている能興行の舞台に立ったり、御霊会《ごりょうえ》の囃子方《はやしかた》に出る者もあった。朝廷の秩序は、財政窮乏を一因にして乱れていた。

宝暦事件

摂政・武家伝奏・議奏のいわば執行部が、しきりに禁裏小番の勤めを果たすよう督励しても、公家たちが怠る状況は、言い換えれば執行部の統制力が十全に機能していない状況を示していた。ついには禁裏小番にあたり、相撲どころか天皇の近習《きんじゅ》の公家たちが武術稽古(剣道の立会い稽古)までする有様となった。このようななか、いわゆる「宝暦事件《ほうれきじけん》」が起こったのである。

神道家である竹内式部《たけのうちしきぶ》が、清華家徳大寺《とくだいじ》公城《きんなり》の家来になり、垂加《すいか》流の神道を公家たちに伝えていた。宝暦七年(一七五七)、竹内式部の教えを受けた徳大寺、坊城《ぼうじょう》、西洞院《にしのとういん》らが、若き桃園天皇に『日本書紀』神代巻(神書)を進講した。このことは「禁中並公家諸法度《きんちゅうならびにくげしょはっと》」第一条で規定された「天子諸芸能の事、第一御学問也」に反すると、関白近衛《このえ》内前《うちさき》らは危惧した。「御学問」の中身は、いわば中国の政治統治の書を学ぶことであって、神書を学ぶというのは天皇の学問にふさわしくないと考え、関白はしからざる旨を伝えた。

翌宝暦八年、いったん止まった神書進講が、議奏正親町三条公積《おおぎまちさんじょうきんつむ》・権大納言烏丸光胤《からすまるみつたね》らによって再開の奏上《そうじょう》がなされ、桃園天皇も希望したことから、三月二五日進講が再開された。この動きを見て前関白の一条兼香は右大臣九条尚実《くじょうひさざね》、内大臣鷹司輔平《たかつかさすけひら》とともに関白近衛内前に詰め寄り、神書進講の停止を強く要求した。一度関白として命じた神書進講停止の方針を、中・下級の公家たちが天皇を戴く形で、なし崩しにしたことを重く受け止めた。摂家・武家伝奏・議奏らの統制に対して、天皇の叡慮にことよせ、ないがしろにしたこと自体を問題にすべきであるとしたのである。摂家たちは、正親町三条や徳大寺らの処分を推し進めた。朝廷統制の要《かなめ》としての摂家の自覚と面子《めんつ》が窺える。六月一七日、正親町三条の議奏職を免じたのを手始めに、七月二日には合わせて二七名の処分が断行された(表6-1)。

処分理由が関白から武家伝奏に伝えられた。

竹内式部門弟の堂上は、式部の教え方よろしからずに付《つき》、近年毎度風説流行、朝廷騒動に及び候《そうろう》、これにより、門弟の堂上に結党・謀反の志これあり候風説が盛に相聞え候も、余儀なく候、謀反と申す義は事重き義、中々二、三十人ばかりの徒党で、一両年ばかりの申合わせにては、一向事調《ととの》い難き義に候、畢竟《ひっきょう》只各、主上《しゅしょう》へ御馴添《おんなれそい》申候て、朝廷之権を取候趣意に候、関白以下一列、且伝奏・議奏等を軽んじ、法外失礼の義共、勝計し難く候(『兼《かね》胤記《たねき》』)

関白(摂家)の認識は、クーデター未遂事件に近い。一部の議奏をふくむ天皇の近臣たちが「徒党・謀反の志」を持ち、天皇に馴れそって「朝廷の権」を取ろうとの趣意であると断定した上で、このことは関白・武家伝奏・議奏による統制を軽んじ、法外失礼のことであり、関係者を大量に処分するというものである。ただし、これらの原因には竹内式部の「教え方よろしからずに付」と責任を式部に向けて公家の処分を緩和させている。竹内式部は追放刑に処せられた。後に明和四年(一七六七)、追放中の京都に立ち入った罪により八丈島に流される途中、病気により三宅島で死去した。

関白(摂家)による処分は、幕府の指示でなされたものではなかった。「宝暦事件」を幕府による尊皇思想に対する弾圧であるとする、戦前から続く理解は正確ではない。幕府の京都における責任者である所司代は、摂家側に対して、今回の堂上公家処分について事後承諾となったことに苦情を申し入れたことからも、摂家独自の判断であったことが判る。

かつて霊元天皇が主導して「朝廷復古」を目指し、摂家近衛基熙らと対立したのとは異なり、今回は若き桃園天皇(一七歳)の意向ではなく、垂加神道の影響を受けた天皇近臣の公家たちと、摂家・武家伝奏ら執行部との対立であった。大量処分を断行せざるを得ないほどに、関白・武

表 6-1　宝暦事件の処分者一覧

No.	人　名	官　職	処　分
1	正親町三条公積	帥大納言	両官止　永蟄居
2	徳大寺公城	権大納言 大歌所別当	止官　永蟄居
3	烏丸光胤	大納言	除近臣 止官 永蟄居
4	坊城俊逸	中納言 賀茂伝奏	〃　〃　〃
5	高野隆古	中将	〃　〃　〃
6	西洞院時名	少納言	〃　〃　〃
7	中院通維	少将　禁色	〃　〃　〃
8	勘解由小路資望	左中弁　禁色	〃　〃　〃 以上，一家親族といえども面会堅停止
9	正親町三条実同	侍従	自分遠慮
10	烏丸光祖	侍従	〃
11	高倉永秀	右兵衛督	除近臣　遠慮
12	西大路隆共	少将	〃　〃
13	町尻兼望	右馬頭	〃　〃
14	今出川公言	中納言	遠慮
15	町尻兼久	三位	〃
16	桜井氏福	刑部権大輔	〃
17	裏松光世	左少弁	〃
18	岩倉恒具	前中納言	自分遠慮
19	植松雅久	三位	〃
20	岩倉尚具	左兵衛佐	〃
21	東久世通積	前中納言	其儘差置
22	綾小路有美	宰相	〃
23	白川資顕	中将	〃
24	日野資枝	右中弁	〃
25	中御門俊臣	権右中弁	〃
26	冷泉為泰	新少将	〃
27	六角知通	兵部大輔	〃

『兼胤記』宝暦 8 年(1758)7 月 24 日条などから作成

家伝奏・議奏のラインによる統制が効かなくなってきたことを示しているとともに、幕府による関白らの統制の枠組みに反発する勢力が少なからず存在していたことを、「宝暦事件」は物語っている。

二つの秘喪

「宝暦事件」から四年後、宝暦一二年(一七六二)七月二〇日、朝廷は二二歳になった桃園天皇が重病であることを公家や門跡などに知らせ、天皇にもしものことがあったなら、皇子の英仁《ひでひと》親王に践祚《せんそ》すべきであるが、皇子はまだ幼稚(五歳)であるため、天皇の姉の智子《としこ》内親王に践祚することを、天皇の叡慮として定めたことを伝えた。そして翌二一日、天皇の崩御が伝えられた。

実は桃園天皇は七月一二日にすでに崩御していた。そのことを関白近衛内前らはひた隠しにし、ただちに江戸幕府に急使を送り、後継天皇に姉の智子内親王の践祚すなわち後桜町女帝即位とする方針の伺いを立て、了承を得て死後八日経った七月二〇日に前述の危篤情報を伝えたのであった。

夏の京都で秘喪は八日間続いた。この異例とも思える関白近衛内前の行為は、自分の立場に忠実なものであった。かつて後光明《ごこうみょう》天皇が承応三年(一六五四)に二二歳で死去した時、後継天皇に予定された親王(後の霊元天皇)は生後四か月であり、高松宮二代(花町宮《はなまちのみや》)を継いでいた後光明の弟が践祚して後《ご》西《さい》天皇となった。この場合も幕府に伺いを立てて決定した先例がある。しかし当時一九歳の公家正親町《おおぎまち》公明《きんあきら》は、「東夷《とうい》の飛脚を待つ」ために九日間を秘喪にしたことを日記に記し、恐るべき行為と非難した。後に正親町公明は「尊号一件」で幕府に抗する急先鋒になる。

後桜町女帝は明和七年(一七七〇)に譲位して、後《ご》桃園《ももぞの》天皇が即位する(図6-8)。後桃園天皇も父と同様二二歳の若さで安永八年(一七七九)に死去する。後には生後九か月の女一宮が残されるのみであった。関白九条尚実も先例に従って秘喪にし、後継天皇を閑院宮《かんいんのみや》典仁《すけひと》親王の六男祐宮《さちのみや》(九歳)とすることを幕府に伺い、返事を待って発喪とした。光格《こうかく》天皇の即位である。

図6-8　後桃園天皇像

あいつぐ天皇の死去を秘してまでも、関白らは江戸幕府に後継天皇についての伺いを立て諒承を求めたように、それ以前からの幕府による朝廷統制の枠組みは機能していた。その一方、関白らの行動に批判的な「朝廷復古」を目指し、将来の明治維新につながる意識の萌芽を抱いた少壮の公家たちが存在していたのが、宝暦期から天明期にかけての朝廷の状況であった。

3　身分制度のゆらぎ

幕府と藩による統治が行なわれた江戸時代では、身分制度を設けて社会の秩序を維持していた。宝暦〜天明期は、身分制度についてもまた、社会変容に対応して制度充実を図る一方で、制度の枠組みを解体させる動きの双方が同居する転換期にあたっていた。

身分の集団化

徳川三代将軍家光政権までは、前代に引き続き国内外に戦争が存在し、軍事動員をかけることが重要関心事であった。あわせて財政基盤となる、百姓と農村、町人と町の確立のために、検地と刀狩《かたながり》を行ない、武士・百姓・職人・商人の身分の分離を進めていった。この期間に江戸時代を通して基幹となる身分(いわゆる士農工商)が確立された。

本書が対象とする四代将軍家綱政権以降には、国内外に平和と安定がもたらされ、将軍権力は軍事指揮権を発動して軍役を課す軍役体系による秩序化ではなく、儀礼を重視し上下間の秩序を保ち、将軍権威を身分制秩序の中で最上位に置いて安定させる方式に改めていった。たとえば武家や公家の家格を重んじ身分集団内の序列＝身分内の階層の上下秩序を重視し、装束など可視的な制度を整えた。それとともに武士・公家・百姓など基幹の身分の周縁に存在していた宗教者などを、寛文五年(一六六五)の「諸宗寺院法度《しょしゅうじいんはっと》」や「諸社禰宜神主法度《しょしゃねぎかんぬしはっと》」のように本山・本所を中心に身分集団化する動きが顕著になった(第二章3「宗教統制と寺社勢力の位置」)。

この時期には、江戸のような都市に居住する者たちの間にも身分の集団化が起こった。江戸に流入した者で、職人のような熟練技術を要しない、鳶口《とびぐち》・背負い・軽子《かるこ》・車力《しゃりき》などの日用《ひよう》(日雇)たちも大量に存在した。これは江戸城や市街地の造成や屋敷の普請など、いわば「公共事業」とでも呼べる建設に伴って労働市場が豊かに存在したことが背景になっていた。日用たちを身分制度の枠内に収めるために、幕府は寛文五年、日用身分の者たちを統制する日用座《ひようざ》を設置した。日用たちは日用座で札銭を納めて日用札《ひようふだ》を受け指図を受けることになった。日用札を持つ者を日用身分の者としたのである。

江戸に流入する者の中には、零落して乞食状態の者もあった。延宝二年(一六七四)一一月、米の高値を原因に町内・河岸端《かしばた》・広小路《ひろこうじ》に目立つようになったので、非人状態にある者たちの改めを、町の名主《なぬし》たちに命じている。非人の生地や年齢を聞きただす改めを、地域の町名主に行なわせ、町奉行に届けさせていた。これが延宝八年(一六八〇)八月になると、非人たちのいたずら行為(ねだりや小盗み)の苦情が寄せられ、取締まりを図る町奉行は、車善七《くるまぜんしち》を召し出し非人の統制を命じた。この間に、非人頭車善七《ひにんがしら》による組織化・集団化がなされたものと想定される。やがて、えた頭弾左衛門《がしらだんざえもん》と非人頭車善七らとの間に争論が起こり、享保七年(一七二二)幕府裁許がなされ、江戸の非人組織は弾左衛門支配下にあることが確認された。こうして、非人(乞食)というたえず発生し続ける存在の集団組織として、弾左衛門の下に非人頭と抱え非人の組織が形成された。

身分の周縁化

宝暦〜天明期になると、それまでに形成された身分集団の周縁に、人びとの経済活動・信仰・娯楽要求など種々のエネルギーによって新たな仲間や団体が形成され、それらを権力の側がやむを得ず既存の身分集団の外縁に取り込み編成しようとした。しかし人びとの周縁化の動きは、もはや既存の集団の枠に収まらず、身分制度そのものを窮地に追い込んでいった。

まず既存の身分の外縁に取り込んだ事例として、相撲渡世集団を挙げる。安永二年(一七七三)、素人相撲禁止の触れが出された。相撲興行で木戸銭《きどせん》を取ることができるのは相撲渡世集団に限ること、素人は村の祭礼の宮相撲《みやずもう》でも木戸銭を取ってはならないと幕府は命じた。年寄(頭取)・相撲取り・行司らの相撲で渡世する団体にとって、素人相撲禁止の全国触れは興行権の擁護となった。天明期には、谷風《たにかぜ》・雷電《らいでん》らの人気もあって相撲興行は活況を呈した。これら有力な相撲取りを大名たちは抱え、足軽《あしがる》や水主《かこ》として擬制的な主従関係を結んだ。雷電為右衛《らいでんためえ》門《もん》は信州小県《ちいさがた》郡の百姓身分の出身で、江戸の年寄浦風林右衛門《うらかぜりんえもん》の弟子（寄親《よりおや》・寄子《よりこ》）になり、人気が出てから出雲国松江藩（松平不昧《ふまい》）の水主として抱えられた（図6－9）。一部の有力な相撲取りが抱えられて武士身分となり、その他の相撲取りたちは一度も抱えられなくとも浪人身分として、身分制度のなかに取り込まれることになった。

もう一例を挙げる。熊野神社や伊勢神宮など大神社に付属して参詣者の宿泊の世話などをする御師《おし》が、富士山の麓《ふもと》の浅間《せんげん》神社に付属して、甲斐国吉田《かいのくによしだ》・川口《かわぐち》や駿河国須走《するがのくにすばしり》・須山《すやま》にも存在した。御師たちの多くは江戸時代になってから百姓身分の者が、富士山参詣者の増加に合わせて宿泊の世話を始め、御師同然の状態となり、仲間を作って活動したものであった。公家の吉田家や白川家は財政窮乏の中で、一人でも多くの神職に許状を発行し配下に取り込んで金を得ようとした。本所である

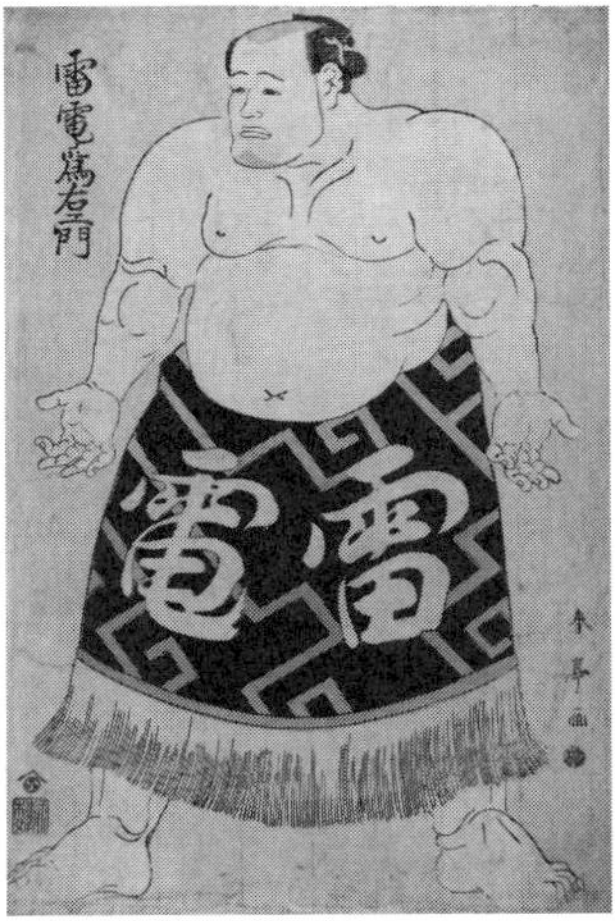

図6-9　雷電為右衛門．信濃小県郡の百姓の出身．天明8年(1788)，松江藩松平家の抱えとなる．

吉田・白川家は、専業の神主だけではなく御師に免許状を与え、御師たちは神職の身分を得ることになった。同様に、専業神主の存在しない村落で、百姓身分の者が神社の管理、つまりは鍵の管理をしていた鍵取《かぎとり》にも神職の許状を与えた。鍵取は神職としての許状を受けることで、村内百姓より一段上層の格式を持つことができた。幕府は、天明二年(一七八二)に「諸社禰宜神主法度」の再触れを出すが、鍵取と同様に神社を管理する社守《しゃもり》などの社人の掌握を行なわせる意図があった。つまり、既存の専業神主などの神職身分の周縁に、御師・鍵取・社守を取り込んでいった。

このように幕府初期から続く身分制度は、社会変容に伴い修正を加えながら維持されてきたが、とくに村落から窮乏して江戸に流入した人びとの生きようとするエネルギーは、願人坊主《がんにんぼうず》(江戸などで大道芸をする乞食僧)や神道者《しんとうしゃ》(江戸や大坂で家々の門付《かどづけ》で祈禱を行ない銭を受ける)など既存の身分集団におさまりにくい周縁の身分を形成した。また前述した日用たちは、日用座から日用札を受け仕事に就く決まりを町奉行はしばしば触れたが、この時期日用たちはあの手この手を用いて札銭を納めず、ついには日用座役人の督促に抵抗し暴力沙汰を起こすに至った。幕府は寛政九年(一七九七)に日用座の廃止を命じることになる。日用を身分的に統制する制度は抵抗にあって機能しなくなったのである。

非人組織についても機能が滞り出す。江戸の非人は、浅草・品川両溜《ため》（病気の囚人を収容する）の番や囚人の送迎、河川や町々の不浄物の取り片付を行なうほかに、野非人《のひにん》の狩込みをして手下《てか》にする職分を果たして、勧進場《かんじんば》である町々から施しを受けて生活していた。野非人とは、地方から江戸に流入するなどの乞食状態の者で、非人組織に入っていない者を指す。無宿《むしゅく》とともに、組織化されていない野非人が店先に立って悪ねだりや小盗みをするのを、町人たちが町奉行所にしばしば訴えている。野非人の数が増え、非人が狩込んで組織に加えようとも追い付かないほどの状態になっているのだ。つまり、絶えず発生する未組織の野非人を狩込み、手下にすることが追い付かない状態になり、やがて非人組織が機能しなくなっていくのである。

身分制度が揺らぎ、さらに機能しなくなるのはつぎの時代（一八〇〇年以降）である。民衆による訴願闘争や一揆・打ちこわしのように顕在的な意図的なものではないが、人びとの生きようとする力が、身分の周縁化をもたらし、既存の身分制度の枠組み（集団・組織）を動揺させ、解体に向かわせた。明治政府による「四民平等」によって江戸時代の身分制度は改められたとされるが、江戸時代の社会の内側から身分制度を解体させようとする人びとの力が存在したことを指摘しておきたい。

おわりに――格差社会の広がり

泰平の時代に、幕府による国の統治は、制度を整備することで進展した。大名による藩内統治も整備され、幕府と藩による全国的な統治は、中央集権的な近代国家とは異なり分権的ではあるが、国全体として統治は整備されたといえる。それらは、東アジアの平和と安定の下で、日本を中心に見て朝鮮・琉球・アイヌ・オランダ商館・中国商人との対外関係の保持を前提にした。

国内の格差の広がり

幕府や藩は、百姓(全人口のおよそ八〇%以上)が生産する米を年貢として収取し、財政を賄《まかな》っていった。本書が対象にした泰平の時代の前半期は、開発などで耕地が拡大し、さらに反当《たんあたり》収量が上がる生産性の向上から、農業生産量は増加した。年貢収取も保たれ、幕府や藩の財政も安定していた。

元禄期、一七〇〇年前後を境にして、幕府や藩の財政は苦しくなり始める。全国的な生産量と商品流通量の増大は、幕府や藩と武士身分の消費を増加させた。寺社建築などの出費増加と金銀鉱物資源の採掘減少は幕府財政の悪化の一因ではあったが、根本的には米価安と諸品高騰による。幕府や藩の収入の基本は年貢米であり、商品生産・流通から生まれる富(利益)を獲得できなかったところに財政窮乏の原因がある。

商品生産・流通から生じる富を獲得したのは、生産から販売までの過程に介在した商人や生産者であった。江戸時代の後期・幕末になって幕府や藩が専売制をとって、生産・流通過程に商人同様に介在するまで、田沼政権を例外として、収入は年貢米が頼りであった。そのために幕府や藩は、消費を抑制する倹約令をしばしば命じて支出を減らし、収入増加のために年貢増徴策を取った。その結果広範な地域で、百姓から年貢減免一揆・闘争を受けることになった。このように、幕府や藩(封建領主)が百姓(封建小農民)から年貢米(封建地代)を収取して成り立つ社会のシステム(封建的生産様式)は、商品生産・流通が進展すればするほど、衰退していくことになった。

商品生産・流通から生じる富は、あまねく均等に分配されたものではなく、富の偏在が見られた。地域間の偏在、地域内の偏在などである。人びとの農業生産にかける努力は同じでも、気候などの地域環境の差異は生産量に反映する。たとえば越後国《えちごのくに》の米単作地帯では、秋の刈入れが終わると時雨《しぐれ》が降り、やがて雪になって、来春の雪解けまで農業労働に従事できない。江戸時代から、遠く江戸や各地の町場に冬季の労働(出稼ぎ)に出る姿が見出せる。他方、瀬戸内地方では、米作のあと麦作を行ない、春に麦を刈入れた後で、煙草《たばこ》の苗を畑に移し、夏まで成育させて背丈ほどになったところで、煙草を刈取り、さらに水をひいて稲の田植えをする地域がある。両地域の気候による差異と生産力の違いは明瞭である。

瀬戸内の塩田地帯は、たとえば竹原町(広島県)では入江の干拓工事を進め、寛文一一年(一六七一)には六〇町歩余りの塩田と八七軒の製塩業者から成る塩田地帯となった。以後も塩を生産させ全国に流通させていった。塩生産・流通関係者の手元には富が蓄積され、広大な屋敷を持つ者も多く、今日まで竹原地域には当時の繁栄を偲ばせるに十分な屋敷が残されており、国の重要伝統的建造物群保存地区に指定されている。屋敷の中には、頼家《らい》(後に頼山陽《らいさんよう》につながる本家)など文化主体になる家が含まれていた。これは全国的にも有数の富を蓄積した地域の事例であり、その逆に寒冷な気候の北関東や東北地域で、耕作地を放棄し、百姓が土地を離れ人口減少をする地域が存在した(常陸《ひたち》・下野《しもつけ》両国の人口は、一七二〇年頃にくらべ一八五〇年頃は約三〇%の減少となる)。

同じ地域内でも、飛驒国《ひだのくに》を例にとると、高山《たかやま》町と在方《ざいかた》(農村部)との格差は大きく、富の偏在が見られた。町《ちょう》と在《ざい》(都市と農村)の格差は、古今東西で見られることだが、元禄五年(一六九二)、飛騨国は大名金森《かなもり》氏の転封《てんぽう》後、幕領となり高山陣屋での代官(郡代)支配となる。金森氏の三万八七六〇石に相当する家臣団は高山を去り、代わって江戸から派遣される旗本である代官が、地付きの地役人たちの運営に乗り、数年の任期を果たして交代する。大名からの負担の減った高山の町人たちは、在方の百姓から質地を取る地主となり土地を集積していった。小作料である米と、清麗な水を用いて酒造を盛んに行なったり、蚕種や生糸商売、塩商売などを行なって富を蓄積し、古代からの飛騨《ひだの》匠《たくみ》(木工)の技術を駆使した屋敷を建てた。現在、高山の建造物や街並みもまた国の重要伝統的建造物群保存地区に指定されている。

在方の百姓は、高山町や村内などの地主に小作料を納める者が少なくなかった上に、幕領支配の高山代官大原彦四郎《おおはらひこしろう》からは年貢増徴を命じられた。明和八年(一七七一)に続き安永二年(一七七三)にも百姓一揆を起こし、高山陣屋に強訴《ごうそ》もこころみた。飛騨国一宮水無神社《いちのみやみなし》に一揆勢が集まっていたところに、幕府の命により周辺諸藩が鎮圧に動員され、美濃国郡上藩《みののくにぐじょう》兵は神社境内地に籠る一揆勢に銃撃し、多数の死者が出た。一揆後、検地が強行され一万一四〇〇石の増石となり、大原彦四郎は昇進した。しかしこの「大原騒動」と呼ばれる飛騨の百姓一揆は、幕領の一揆鎮圧に周辺諸藩が動員されたことと、藩兵が鉄砲を使用して、一宮の神域に集まる一揆勢を射殺したことは、「泰平の時代」を国の内側から破る段階に至ったことを象徴している。

対外秩序の危機

五島《ごとう》列島には、遠見番所《とおみばんしょ》の跡が残されている。南西海上に現れる異国船、とりわけポルトガル船やイギリス船をいち早く見つけ、福江《ふくえ》藩から長崎奉行に伝える役目を負っていた。五島列島に平穏な日々が流れていた頃、北方のカムチャッカ半島から南下してきたロシア人が、明和三年(一七六六)以降ウルップ島に上陸し、島のアイヌとの交流を続けるようになった。田沼政権下では天明五年(一七八五)、蝦夷地や千島・樺太調査のために調査隊を編成し派遣したことを述べた。

明清交替後の東アジアの平和と安定の中で、日本と朝鮮・琉球・アイヌ・オランダ商館・中国商人との間で保たれてきた外交秩序は、その外側に新たな異国すなわちロシアやその後イギリス・アメリカなどが出現することで打ち破られていった。「泰平の時代」を国の外側から打ち破る異国船の出現であった。

あとがき

安永《あんえい》五年(一七七六)、大村《おおむら》領(肥前国《ひぜんのくに》)の百姓、家主一四人、総人数七八人が、海を渡って五《ご》島《とう》に到着した。「切支丹ならん」と史料に記される。大村藩による迫害から逃れるためかどうかは不詳である。五島に居着した人たちがどのような生活を送っていたのか、それを知る手掛かりとなる史料を見出すことはできない。

二〇一三年(平成二五)一二月一一日、上五島の奈良尾《ならお》から若松大橋を渡り、若松港でタクシーに乗り土井ノ浦のキリスト教会を見学し再び若松港に戻る道すがら、運転手さんはこう語ってくれた。福江島を除いて五島の島々は山が海岸まで迫って平らな耕地が少なく、山の斜面を切り開いて畑作をするしかなかった。戦後しばらくの話だが、あの山の斜面にもキリスト教徒が住んでいた。切り開いた耕地で雑穀を作り、山から下りて入江で海水を薪《まき》で焚き、塩を作って小舟をこいで福江に行き、塩を売って生計を立てていた。家族はキリスト教だから子沢山だった、とも付け加えて語ってくれた。

前日、青方《あおかた》から奈良尾に向かう途中のタクシーの運転手さんは博識で、いろいろ教えてくれた。この入江の漁村は早くから開け、曹洞宗《そうとうしゅう》の寺の檀家であった。このあたりは後から入った浄土真宗《じょうどしんしゅう》の寺の檀家である、といった具合で、明治初年以降建設されたカトリック教会の説明に止まらなかった。若松の運転手さんは、浄土真宗だと言っていたように記憶するが、キリスト教徒の家族の話をした時、何とも言えない温かさを私は感じた。

江戸時代の安永年間に大村領から渡ってきたキリシタン家族も同じように生活を送り、島の人びとは遠くから温かく見守っていたのではないのか、と想像をめぐらした。それというのも、二〇〇〇年(平成一二)頃、八丈島を訪れたときに感じたことが伏線になっていたからであろう。八丈島には、江戸から流人《るにん》が送られてきた。黒潮が流れ小舟では乗り越えられないことから、島抜けができず、重罪の者が八丈島に流された。流刑人は鎖につながれてはいないまでも、牢屋のような囲われた場所に閉じ込められていたのだとばかり思っていた。八丈島に着いて判ったことは、島に元から住んでいた農民や漁民の人たちに同化して、流人たちは個々に小屋を建て、農業・漁業や職人仕事の手伝いなどをして生かしてもらっていたのであった。そのまま八丈島で一生を終えた流人たちは、島の人びとによって葬られ、現在もその墓は保たれている。八丈島の人びとの情けの深さに感じ入ったことが、心の深い部分から浮き上がり、五島に渡ったキリシタン家族に対する島の人びとの温かい眼差しを想像したのであろう。

江戸の泰平の時代には、社会に情けがあったのに違いない。少なくとも現在よりは情けがあったことは確かである。このことを最後に記して筆をおくことにする。

二〇一五年二月

高埜利彦

岩波新書新赤版一〇〇〇点に際して

ひとつの時代が終わったと言われて久しい。だが、その先にいかなる時代を展望するのか、私たちはその輪郭すら描きえていない。二〇世紀から持ち越した課題の多くは、未だ解決の緒を見つけることのできないままであり、二一世紀が新たに招きよせた問題も少なくない。グローバル資本主義の浸透、憎悪の連鎖、暴力の応酬――世界は混沌として深い不安の只中にある。

現代社会においては変化が常態となり、速さと新しさに絶対的な価値が与えられた。消費社会の深化と情報技術の革命は、種々の境界を無くし、人々の生活やコミュニケーションの様式を根底から変容させてきた。ライフスタイルは多様化し、一面では個人の生き方をそれぞれが選びとる時代が始まっている。同時に、新たな格差が生まれ、様々な次元での亀裂や分断が深まっている。社会や歴史に対する意識が揺らぎ、普遍的な理念に対する根本的な懐疑や、現実を変えることへの無力感がひそかに根を張りつつある。そして生きることに誰もが困難を覚える時代が到来している。

しかし、日常生活のそれぞれの場で、自由と民主主義を獲得し実践することを通じて、私たち自身がそうした閉塞を乗り超え、希望の時代の幕開けを告げてゆくことは不可能ではあるまい。そのために、いま求められていること――それは、個と個の間で開かれた対話を積み重ねながら、人間らしく生きることの条件について一人ひとりが粘り強く思考することではないか。その営みの糧となるものが、教養に外ならないと私たちは考える。歴史とは何か、よく生きるとはいかなることか、世界そして人間はどこへ向かうべきなのか――こうした根源的な問いとの格闘が、文化と知の厚みを作り出し、個人と社会を支える基盤としての教養となった。まさにそのような教養への道案内こそ、岩波新書が創刊以来、追求してきたことである。

岩波新書は、日中戦争下の一九三八年一一月に赤版として創刊された。創刊の辞は、道義の精神に則らない日本の行動を憂慮し、批判的精神と良心的行動の欠如を戒めつつ、現代人の現代的教養を刊行の目的とする、と謳っている。以後、青版、黄版、新赤版と装いを改めながら、合計二五〇〇点余りを世に問うてきた。そして、いままた新赤版が一〇〇〇点を迎えたのを機に、人間の理性と良心への信頼を再確認し、それに裏打ちされた文化を培っていく決意を込めて、新しい装丁のもとに再出発したいと思う。一冊一冊から吹き出す新風が一人でも多くの読者の許に届くこと、そして希望ある時代への想像力を豊かにかき立てることを切に願う。

（二〇〇六年四月）

高埜利彦

1947年東京都生．1972年東京大学文学部卒業．
東京大学史料編纂所所員，学習院大学文学部教授を経て
現在－学習院大学名誉教授
専攻－日本近世史
著書－『近世日本の国家権力と宗教』(東京大学出版会)
『日本の歴史13　元禄・享保の時代』(集英社)
『江戸幕府と朝廷』(山川出版社)
『近世の朝廷と宗教』(吉川弘文館)
『近世史研究とアーカイブズ学』(青史出版)
『江戸時代の神社』(山川出版社)
『日本の伝統文化4　相撲』(山川出版社)
『近世の宗教と社会』全3巻(共編著，吉川弘文館)
『シリーズ日本人と宗教1　将軍と天皇』(共編著，春秋社) ほか多数

天下泰平の時代
シリーズ 日本近世史③　岩波新書(新赤版)1524

2015年3月20日　第1刷発行
2024年6月14日　第6刷発行

著　者　高埜利彦《たかのとしひこ》

発行者　坂本政謙

発行所　株式会社 岩波書店
〒101-8002 東京都千代田区一ツ橋2-5-5
案内 03-5210-4000　営業部 03-5210-4111
https://www.iwanami.co.jp/

新書編集部 03-5210-4054
https://www.iwanami.co.jp/sin/

印刷・精興社　カバー・半七印刷　製本・中永製本

ISBN 978-4-00-431524-7　Printed in Japan

索　引

人　名

あ 行

か 行

さ 行

た 行

な 行

か 行

さ 行

た 行

な 行

は 行

ま 行

や 行

ら 行

わ 行

年　表

西暦	和暦	事　項
1651	慶安4	4 徳川家光没(48)，堀田正盛ら殉死．7 牢人・由比正雪らの天下謀反動き制圧さる(慶安事件)．8 徳川家綱(11)，江戸で宣下を受け，4代将軍に．12 末期養子の禁止緩和
1652	承応元	1 江戸のかぶき者を追捕．6 若衆歌舞伎を禁止
1653	2	3 歌舞伎興行(野郎歌舞伎)を許可．閏6 秤座を設け，東33か国は守随家，西33か国は神家の秤を使用させる
1654	3	7 隠元長崎着．9 後光明天皇没(22)，後西天皇即位．この年，利根川付け替え完成，玉川上水開削
1655	明暦元	4 長崎貿易を相対貿易とする．10 家綱，朝鮮通信使を引見．この年，修学院の造営始まる
1657	3	1 明暦の大火．江戸，広範に焼失
1658	万治元	9 江戸定火消の制始める
1659	2	この年，朱舜水渡来
1661	寛文元	閏8 徳川綱重を甲府に，綱吉を館林に封ずる．この年，隠元，万福寺を創建
1662	2	3 老中松平信綱没．4 清朝，南明政権の桂王を殺害，明滅亡．5 鄭成功，台湾で没
1663	3	1 後西天皇譲位，霊元天皇即位．4 家綱，日光社参．5 武家諸法度を改定，殉死を禁ず．6 清朝康熙帝，琉球に冊封使を送る．8 幕府，関東8か国に巡見使，派遣
1664	4	4 諸大名に寛文印知．11 諸藩に宗門改役の設置を命ず．幕府，国史館を忍ケ岡に置き，林鵞峰に『本朝通鑑』の続修を命ず
1665	5	8「諸宗寺院法度」「諸社禰宜神主法度」を発布．

		この年，公家・寺社領宛行．日蓮宗不受不施派弾圧
1666	6	**2** 諸国山川掟を出す
1667	7	**閏 2** 全国に諸国巡見使，派遣
1668	8	**4** 枡の全国調査
1669	9	**2** 幕府，京枡への統一を命ず．**7** アイヌ首長シャクシャインの蜂起，**10** 松前氏に殺害さる
1671	11	**10** 諸代官に「宗門人別改帳」の作成を命ず．この年，河村瑞賢，東廻り航路を開く
1672	12	河村瑞賢，西廻り航路を開く
1673	延宝元	三井高利，江戸・京都に越後屋呉服店を開く
1674	2	この年，椿海新田の販売開始
1679	7	**8** 石清水八幡宮放生会，再興
1680	8	**5** 徳川家綱没(40)．遺言により綱吉，5代将軍となる．**8** 後水尾院没(85)．**12** 大老酒井忠清，罷免
1681	天和元	**6** 綱吉，越後騒動を再審，松平光長を改易．**11** 上野沼田領民の直訴により，藩主真田信利改易(磔茂左衛門一揆)．**12** 堀田正俊を大老に，牧野成貞を側用人とする
1682	2	**9** 井原西鶴『好色一代男』刊．**12** 吉川惟足，幕府神道方となる
1683	3	**7** 武家諸法度改定，町人の帯刀厳禁．土御門家に諸国陰陽道支配の朱印状
1684	貞享元	**2** 服忌令を定める．**5** 公慶，東大寺大仏修復の勧進開始．**8** 大老堀田正俊，若年寄稲葉正休に刺殺さる．**12** 渋川春海，初代幕府天文方となる
1685	2	**7** 生類憐みの令，発布
1686	3	**4** 全国鉄砲改め令，発布．**10** 信濃松本藩農民，年貢収納法改悪に反対し強訴(多田嘉助騒動)
1687	4	**3** 霊元天皇譲位，東山天皇即位，**11** 大嘗祭再興

1688	元禄元	11 柳沢吉保，側用人となる．この年，知足院(護持院)建立
1689	2	3 松尾芭蕉，『奥の細道』の旅に出る．12 北村季吟・湖春父子，幕府歌学方となる
1690	3	1 近衛基熙，関白に
1691	4	1 林鳳岡(信篤)，大学頭に任命さる．2 湯島聖堂落成
1694	7	4 賀茂社葵祭，再興．12 柳沢吉保，老中格に
1695	8	8 荻原重秀の建議で金銀貨幣を改鋳．11 武蔵中野に犬小屋設置
1696	9	4 荻原重秀，勘定頭(奉行)となる
1697	10	閏2 綱吉，国絵図・郷帳の作成を命ず．この年より，幕府，山陵を修理．宮崎安貞『農業全書』刊
1700	13	11 金銀銭三貨の比価を定める
1701	14	3 赤穂城主浅野長矩，江戸城殿中にて吉良義央に刃傷．長矩切腹
1702	15	12 浅野遺臣，吉良義央を討つ(赤穂浪士の仇討)
1703	16	2 大石良雄ら赤穂四十七士切腹．5 近松門左衛門「曽根崎心中」初演．11 元禄地震，江戸市中の被害大，小田原城損壊
1705	宝永2	9 徳川吉宗，紀州藩主となる
1706	3	6 元禄銀を改鋳する
1707	4	10 宝永地震．11 富士山噴火，宝永山出現
1708	5	閏1 諸国高役金を全国に課す
1709	6	1 徳川綱吉没(64)．家宣6代将軍に．間部詮房・新井白石を登用．生類憐みの令廃止．3 東大寺大仏殿再建なり，落慶供養行なわれる
1710	7	4 武家諸法度改定，乾字金を鋳造．8 閑院宮家を創立
1711	正徳元	2 新井白石，朝鮮通信使の待遇を改め，将軍を「日本国王」と称すよう提言

1712	2	9 勘定奉行荻原重秀を罷免. 10 徳川家宣没(51)
1713	3	4 徳川家継7代将軍となる(4)
1714	4	2 絵島・生島事件により山村座断絶. 5 正徳金銀, 品位を慶長の制に復す. 大坂移出入品調査
1715	5	1 長崎貿易制限令を定める(海舶互市新例=正徳新例). 9 家継と皇女八十宮の婚約成る. 11 近松門左衛門「国性爺合戦」, 大坂竹本座で初演
1716	享保元	4 徳川家継没(8). 5 徳川吉宗8代将軍となる(33). 間部詮房・新井白石らを罷免. 御用取次役を設置
1717	2	2 大岡忠相(越前守)を江戸町奉行に登用. 3 武家諸法度(天和に戻す). 8「日本国総図」の作成を命ず
1719	4	11 金銀貸借訴訟(金公事)を不受理とする(相対済し令)
1720	5	1 幕府, 三奉行に刑罰基準の制定を命ず(公事方御定書の源). 国役普請令を発す. 8 江戸町火消いろは47組を創設. この年,「会津御蔵入騒動」起こる
1721	6	6 諸国の戸口・田数を調査. 8 江戸市中の諸商人・職人に株仲間を結成させる
1722	7	4 質流れ地禁止令を発布(翌年撤廃). 5 水野忠之を勝手掛老中とする. 7 上米の制を定め, 参勤期限を在府半年に緩和. 新田開発を奨励. 定免法施行
1723	8	6 足高の制を定める
1724	9	6 諸大名・幕臣に倹約令
1726	11	この年,「広敷伊賀者」を「御庭番」と改称. 人口調査実施, 以後6年ごと(子・午年)
1728	13	4 吉宗, 日光社参
1729	14	12 相対済し令廃止

1730	15	4 上米の制を停止，参勤期限を旧に復す．8 大坂堂島の米相場を公認．11 吉宗の子宗武，田安家を興す
1732	17	5 尾張藩主徳川宗春譴責処分．この年，享保の大飢饉
1733	18	1 米価騰貴し，江戸市民，米屋などを打ち壊す
1734	19	2 ごみ請負人の株仲間公認．8 幕領一揆鎮圧のため，各代官所が近隣諸大名に出兵要請することを認める
1735	20	3 中御門天皇譲位，桜町天皇即位
1736	元文元	9 服忌令集大成される
1738	3	11 大嘗祭再々興
1740	4	11 吉宗の子宗尹，一橋家を興す
1742	寛保 2	4 公事方御定書(御定書百箇条)できる．5 勧化制度化
1744	延享元	7 四季勧進相撲公認．9 宇佐・香椎宮奉幣使発遣．この年，初の御触書集成成る
1745	2	7 諸宗に本末帳提出を命ず．9 吉宗，職を辞し，家重 9 代将軍に
1746	3	3 貿易制限令
1747	4	5 桜町天皇譲位，桃園天皇即位
1749	寛延 2	5 勘定奉行に定免法の全面施行を命ず
1750	3	1 一揆の頻発に対し，幕府，農民の強訴・徒党・逃散を禁ず．4 桜町上皇没
1751	宝暦元	6 徳川吉宗没(68)
1752	2	8 秤の統一
1753	3	6 長崎奉行に抜荷の取締りを厳命
1754	4	8 美濃郡上藩の農民，検見取に反対，強訴．この年，千島・国後島に「場所」開設
1755	5	3 薩摩藩，木曽川改修工事完成．7 幕府，朝鮮交易不振につき，対馬藩に年間 1 万両を賦与(～1757)．美濃郡上藩で一揆再発．11 老中に駕籠訴する

1758	8	3 美濃郡上藩の農民，再び江戸越訴．領主金森頼錦，責任を問われ改易．7 幕府，竹内式部を捕え，正親町三条公積以下公家27名を罷免・処罰(宝暦事件)．9 側衆田沼意次，評定所列座を許される
1759	9	5 竹内式部追放
1760	10	5 徳川家重，職を辞し，家治10代将軍に
1761	11	6 徳川家重没(51)．10 幕府，対馬藩に3万両貸与
1762	12	7 桃園天皇没，後桜町天皇即位
1763	13	3 幕府，諸国銅山の調査．11 江戸神田に朝鮮人参座設置
1764	明和元	2 家治，朝鮮通信使を引見．3 俵物の生産を奨励．5 秋田藩阿仁銅山を上知するよう命ずる(反対により中止)．11 琉球使節，将軍に謁する
1767	4	8 山県大弐・藤井右門死刑，竹内式部八丈島に流罪(明和事件)
1770	7	11 後桜町天皇譲位，後桃園天皇即位
1772	安永元	9 南鐐二朱銀を発行．この年，田沼意次，老中に
1773	2	閏3 飛騨で新検地反対の一揆(大原騒動)
1776	5	4 家治，日光社参
1777	6	三原山噴火(〜1779)
1779	8	10 後桃園天皇没(22)，光格天皇即位
1781	天明元	8 上州絹一揆
1783	3	1 工藤平助『赤蝦夷風説考』完成．7 浅間山噴火．凶作・飢饉により，打ちこわし多発
1785	5	2 旗本山口鉄五郎ら，蝦夷地調査に向かう

参考文献

本文で参考にした主な単行本を掲載するが，執筆に当たってはその他多くの論文や単行本などの文献を参考にしたことを付記する．

全編を通じて

朝尾直弘ほか編『岩波講座日本通史 12　近世 2』『同 13　近世 3』『同 14　近世 4』岩波書店，1994・95

藤井讓治ほか編『岩波講座日本歴史 11　近世 2』『同 12　近世 3』岩波書店，2014

歴史学研究会編『日本史史料 3　近世』岩波書店，2006

宮地正人ほか編『新体系日本史 1　国家史』山川出版社，2006

宮地正人編『新版世界各国史 1　日本史』山川出版社，2008

高埜利彦編『日本の時代史 15　元禄の社会と文化』吉川弘文館，2003

大石学編『日本の時代史 16　享保改革と社会変容』吉川弘文館，2003

高埜利彦『近世日本の国家権力と宗教』東京大学出版会，1989

高埜利彦『日本の歴史 13　元禄・享保の時代』集英社，1992

高埜利彦『江戸幕府と朝廷』山川出版社，2001

高埜利彦『近世の朝廷と宗教』吉川弘文館，2014

第 1 章

日本名著全集刊行会編『近松名作集』上・下，日本名著全集刊行会，1926・27

新日本古典文学大系『近松浄瑠璃集』上・下，岩波書店，1993・95

林春勝・信篤編『華夷変態』上・中・下，東洋文庫叢刊，東方書店，1958・59

石原道博『国姓爺』吉川弘文館，1959

武田幸男編『新版世界各国史 2　朝鮮史』山川出版社，2000

三宅英利『近世日朝関係史の研究』文献出版，1986

田代和生『新・倭館』ゆまに書房，2011

池内敏『大君外交と「武威」』名古屋大学出版会，2006
紙屋敦之『幕藩制国家の琉球支配』校倉書房，1990
豊見山和行編『日本の時代史 18　琉球・沖縄史の世界』吉川弘文館，2003
菊池勇夫編『日本の時代史 19　蝦夷島と北方世界』吉川弘文館，2003
浪川健治『近世日本と北方社会』三省堂，1992
荒野泰典『近世日本と東アジア』東京大学出版会，1988
第２章
国立史料館編『寛文朱印留』上・下，東京大学出版会，1980
中野達哉『江戸の武家社会と百姓・町人』岩田書院，2014
根岸茂夫『近世武家社会の形成と構造』吉川弘文館，2000
福田千鶴『酒井忠清』吉川弘文館，2000
藤井譲治『江戸時代の官僚制』青木書店，1999
田中暁龍『近世前期朝幕関係の研究』吉川弘文館，2011
野村玄『日本近世国家の確立と天皇』清文堂出版，2006
久保貴子『近世の朝廷運営』岩田書院，1998
村井早苗『幕藩制成立とキリシタン禁制』文献出版，1987
五野井隆史『日本キリスト教史』吉川弘文館，1990
安藤精一『不受不施派農民の抵抗』清文堂出版，1976
橋本政宣ほか編著『神主と神人の社会史』思文閣出版，1998
第３章
中川学『近世の死と政治文化』吉川弘文館，2009
深井雅海『徳川将軍政治権力の研究』吉川弘文館，1991
ロナルド・トビ『近世日本の国家形成と外交』創文社，1990
塚本学『生類をめぐる政治』平凡社，1983
林由紀子『近世服忌令の研究』清文堂出版，1998
西田孝司『雄略天皇陵と近世史料』末吉舎，1991
川村博忠『国絵図』吉川弘文館，1990
深井甚三『幕藩制下陸上交通の研究』吉川弘文館，1994
杣田善雄『幕藩権力と寺院・門跡』思文閣出版，2003

大野瑞男『江戸幕府財政史論』吉川弘文館，1996
小山町史編纂専門委員会編『小山町史 2』近世資料編 1，小山町，1991
笠谷和比古『近世武家社会の政治構造』吉川弘文館，1993
第 4 章
斎藤洋一『五郎兵衛新田と被差別部落』三一書房，1987
渡辺英夫『東廻海運史の研究』山川出版社，2002
林玲子『江戸問屋仲間の研究』御茶の水書房，1967
本城正徳『幕藩制社会の展開と米穀市場』大阪大学出版会，1994
木村得玄『隠元禅師と黄檗文化』春秋社，2011
堀川貴司『瀟湘八景』臨川書店，2002
飛田範夫『日本庭園の植栽史』京都大学学術出版会，2002
杉仁『近世の地域と在村文化』吉川弘文館，2001
守屋毅『近世芸能興行史の研究』弘文堂，1985
第 5 章
伊藤好一『江戸の夢の島』吉川弘文館，1982
大石学『近世日本の統治と改革』吉川弘文館，2013
高木俊輔ほか編『日本近世史料学研究』北海道大学図書刊行会，2000
杉本史子『領域支配の展開と近世』山川出版社，1999
井上智勝『近世の神社と朝廷権威』吉川弘文館，2007
第 6 章
大石慎三郎『田沼意次の時代』岩波書店，1991
藤田覚『田沼意次』ミネルヴァ書房，2007
吉田伸之『近世巨大都市の社会構造』東京大学出版会，1991
『シリーズ近世の身分的周縁』1～6 巻，吉川弘文館，2000
『身分的周縁と近世社会』1～9 巻，吉川弘文館，2006～8

図版所蔵・表作成参考資料

図1-1『日本随筆大成』第2期4，吉川弘文館，1974年より／図1-2 中国国家博物館蔵／図1-4 神戸市立博物館蔵／図1-5 長崎県立対馬歴史民俗資料館蔵／図1-6，図2-2，図3-9，図3-10，図3-14，図4-1 国立公文書館蔵／図1-8 函館市中央図書館蔵／図2-1 土津神社蔵，福島県立博物館提供／図2-3，図5-1，図6-2，図6-3 徳川記念財団蔵／図2-4 個人蔵，学習院大学史料館提供／図2-6，図2-7，図5-6，図6-7，図6-8 泉涌寺蔵／図2-8 長崎県立長崎図書館蔵／図2-9 出光美術館蔵／図3-1 長谷寺蔵／図3-2 個人蔵／図3-3 岡山大学附属図書館蔵／図3-4 東京国立博物館蔵／図3-5『江戸の絵本』Ⅲ，国書刊行会，1988年より／図3-6 東京都公文書館蔵／図3-7 明治大学図書館蔵／図3-8 國學院大學図書館蔵／図3-11 東大寺蔵／図3-12 小山町立図書館提供／図3-13 京都国立博物館蔵／図3-15 長崎歴史文化博物館蔵／図4-2 佐久市五郎兵衛記念館提供／表4-1 大石慎三郎「正徳四年大阪移出入商品表について」『学習院大学経済論集』3巻1号(1966)より作成／図4-3 個人蔵／図4-4 万福寺蔵／図5-2 国立歴史民俗博物館蔵／図5-3 埼玉県立歴史と民俗の博物館蔵／図5-4 国立国会図書館蔵／図5-5，図6-9 相撲博物館蔵／図6-1 勝林寺蔵／図6-4 個人蔵，白山文化博物館提供／図6-6 群馬県立歴史博物館蔵